沟通

你是最受欢迎的人

陈志宏◎编著

青春励志系列

延边大学出版社

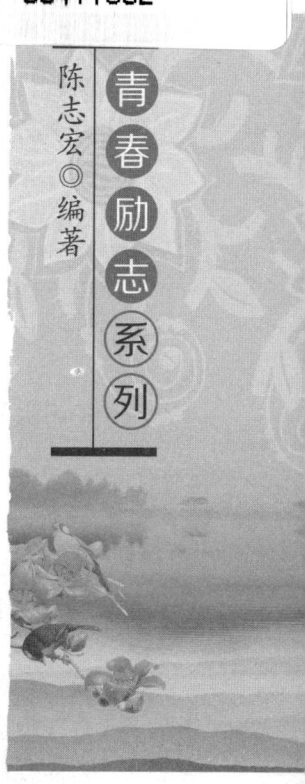

图书在版编目（CIP）数据

沟通：你是最受欢迎的人 / 陈志宏编著 . — 延吉：延边大学出版社 , 2012.6（2021.10 重印）

（青春励志）

ISBN 978-7-5634-4867-8

Ⅰ . ①沟… Ⅱ . ①陈… Ⅲ . ①心理交往－青年读物 Ⅳ . ① C912.1-49

中国版本图书馆 CIP 数据核字 (2012) 第 115152 号

沟通：你是最受欢迎的人

编　　著：陈志宏
责任编辑：林景浩
封面设计：映像视觉
出版发行：延边大学出版社
社　　址：吉林省延吉市公园路 977 号　邮编：133002
电　　话：0433-2732435　传真：0433-2732434
网　　址：http://www.ydcbs.com
印　　刷：三河市同力彩印有限公司
开　　本：16K　165 毫米 ×230 毫米
印　　张：12 印张
字　　数：200 千字
版　　次：2012 年 6 月第 1 版
印　　次：2021 年 10 月第 3 次印刷
书　　号：ISBN 978-7-5634-4867-8
定　　价：38.00 元

版权所有　　侵权必究　　印装有误　　随时调换

PREFACE

前 言

生活不能没有沟通,世界上也没有不可沟通的人,只有不会与人沟通的人。一个人成功的秘诀,在很大程度上都取决于这个人是否能与他人进行良好的沟通。

一言之辩重于九鼎之宝,三寸之舌强于百万之师。人生的丰富就是人缘的丰富,人生的成功就是人际沟通的成功。可以说,无论我们在做什么,或者想做什么,要想获得成功就必须学会与人沟通。沟通不仅影响着我们的工作,更无时无刻地左右着我们的生活,沟通可谓无处不在。这正如松下幸之助所说的那样:

"过去是沟通,现在是沟通,未来还是沟通。"

在人际交往过程中,几乎每个人都想知道:在沟通过程中,如何把陌生人迅速变成朋友?如何成功地说服他人?如何巧妙化解尴尬?如何在社交场合口吐莲花?如何在谈判中大获全胜?如何充满自信地当众演说?如何让自己成为最受欢迎的人?……

此书中，收录了古今中外大量名人的沟通艺术与人际交往经验，其中的内容并非空洞的理论，而是许多简单实用的方法与技巧。这些有效的沟通艺术也在这些人成功的道路上起到了重要的作用。

目录

第一篇 生活不能没有沟通

沟通是合作的基础	2
沟通能提高执行力	4
沟通能激发创造力	5
事业的成功离不开良好的沟通	7
沟通能有效地融入他人的心	9
沟通能打破人际关系的坚冰	11
化敌为友善莫大焉	13

第二篇 先识人后沟通

透过眼神洞察内心世界	16
从面部表情判断对方的心理活动	18
通过言谈举止洞察他人心理秘密	21
内外结合判断人	23
不要以貌取人	25

第三篇　赢得人心最重要

交往的第一步是记住对方的名字	28
建立良好的第一印象	29
谈对方最感兴趣的事情	42
学会换位思考	45
商业谈判中更需要换位思考	49
为上宽容暖人心	51
朋友相处宽以待人	53

第四篇　把话说得恰到好处

注意语言沟通的对象	56
注意语言沟通的双方关系	58
注意语言用字的魔力	60
说话要说到点子上	62
话要说到别人的心坎上	64
话要说得尽量委婉一点	65
直话迂说：迂回说话效果好	69
己话他说：把别人的嘴巴利用起来	71
庄言谐说：让严肃的事情诙谐起来	71
明话暗说：话中有话，话外有音	72
近话远说：绕个弯子表达自己的意思	73
深话浅说：把刺儿藏在花芯里	74
避免说太多的"我"	75
心不在焉是倾听的大敌	76
提问是一门艺术	78

第五篇　巧妙地表达自己的见解

善于给别人提供台阶下	84
善于营造利于说服他人的局势	85
与对方站在同一立场上	87
让对方一开始就说"是"	88
层递渐进，说服顽固的人	89
利用逆反心理进行反面刺激	93
声东击西显奇效	94
含蓄地向上司表达自己的见解	96
巧妙地指正上司的错误	98
迂回指责胜过当面批评	101

第六篇　掌握化解矛盾的沟通技巧

自信是处理冲突首要的武器	104
尽快同意反对你的人	109
避免成为别人的仇人	110
如果不能打败他们，就和他们结合	119
从抱怨中发现问题	121
有争论才会有发展	123
得饶人处且饶人	125
用事实和道理让人心悦诚服	126
说服别人要晓之以理动之以情	129
过度的指责是傻瓜的做法	131
做到视意见为财富	133

与其被人指责，不妨自我数落　　　　　　　　　　134
要得到信任是重要的　　　　　　　　　　　　　　136
设法找到双方的共同话题　　　　　　　　　　　　138

第七篇　成功运用非语言沟通技巧

利用身体语言塑造说话个性　　　　　　　　　　　142
表情比服装更重要　　　　　　　　　　　　　　　144
通过握手有效地传达信息　　　　　　　　　　　　149
避免误用肢体语言　　　　　　　　　　　　　　　152
通过手脸结合识别谎话　　　　　　　　　　　　　154

第八篇　总有更多更好的沟通方法

沟通中不妨加点幽默　　　　　　　　　　　　　　158
借物寓理增进交流　　　　　　　　　　　　　　　159
不拘形式地进行自由沟通　　　　　　　　　　　　160
在餐桌上沟通　　　　　　　　　　　　　　　　　162
转悠管理　　　　　　　　　　　　　　　　　　　164
用闲谈拉近双方的距离　　　　　　　　　　　　　165
巧用激将法　　　　　　　　　　　　　　　　　　167
机智善辩能摆脱尴尬　　　　　　　　　　　　　　169
当众演讲有诀窍　　　　　　　　　　　　　　　　170

第一篇
生活不能没有沟通

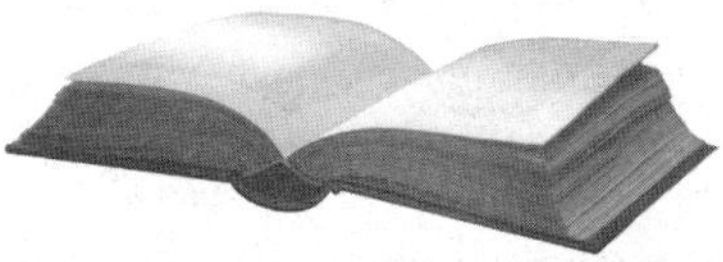

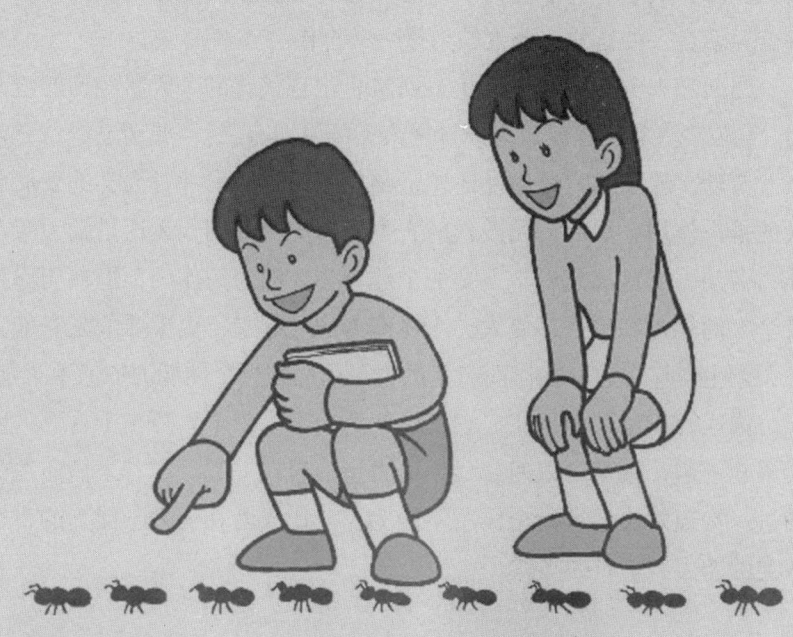

沟通是合作的基础

日籍美国人基思·雅马希塔，刚刚年满36岁时就让世人对他的"地震般变化"刮目相看。惠普、梅赛德斯—奔驰、美国公共广播服务团队（PBS）、柯达、索尼、迪斯尼、网景和IBM这样的世界顶尖团队都成了他合作团队的客户。如果没有独到而有效的方法，那些大客户怎么会心甘情愿地掏腰包呢？《财富》杂志和《快速团队》杂志对他进行采访后才知道，他的自立的名言只有简单的几个词而已：远景、沟通、文化、品牌、客户经验和领导。

请注意，这几个词无一不与"沟通"和"团结"有着直接或间接的内在联系。这就说明，沟通能产生无尽的力量，团结能使事业兴旺发达。

沟通的字面意义是"使两方通达"。即主方应该通过多种方式、多种渠道使对方了解自己的意愿。为了使沟通产生力量，主方不光要"脑勤""手勤"，还必须把沟通程序做细、做深、做透，做到双方达成共识。

个人的观点、立场难免有不能共同之处，但若能善用沟通的力量，及时调整双方利益、齐心协力、集思广益，就能够使双方形成一种合力，这种合力就是一种新的、更大的力量——合作。

当回溯人类从原始生活状态到21世纪现代化的今天所经历的沧桑历程时，会发现人类能发展成为今日之人类的原因有二：一是劳动，二是沟通。

劳动，除了体力劳动外还包括脑力劳动，即思考对人类的发展起了巨大的推进作用。然而，在漫长的人类发展史的前期，无论是脑力劳动还是体力劳动，毕竟都是属于人类的个体行为。沟通的作用不但在于它可以提升个人的能力和水平，使人类个体能力充盈起来，更重要的是它能集聚能力，产生合作，这种合作而产生的力量远远超过个体能力的简单累加。

沟通合作涵盖面很广。它可以使两个人、三个人乃至千百万人的力量会聚在一起，甚至可以使几代人的力量会聚在一起，向着人们向往的目标前进。沟通解决了人类个体所不能为、一代或者几代人不能为的目标，使人类的能力有了质的飞跃。

善于与人沟通的人，一定是善于与人合作的人；反之，不善于与人沟通，则一定不善于与人合作。沟通是合作的基础。一个团队的领导必须懂得运用沟通的方法，保证同事们最大限度的合作。拒绝沟通，也就意味着拒绝与别人合作。

我们举个例子来说，杀毒软件行业便是一个需要时时刻刻与合作伙伴进行联络的行业。团队必须使客户时刻了解新的病毒、威胁和攻击的动向。时间在此就是一个关键因素，仅仅将警告和通知发布在团队网站上是远远不够的。

杀毒软件团队需要具有前瞻性地直接与客户互动或是通过合作伙伴网络确保客户真正得到保护。当这种联络流程受到破坏，导致终端用户无法及时获取信息的时候，他们就将面临灾难性的数据丢失和代价高昂的故障停机时间。不过，出色的联络流程使他们得以维护股东的利益并创造忠诚、满意的合作伙伴和客户。这些，全是沟通的功劳。

被誉为"用人之神"的日本松下电器团队前总裁松下幸之助这样认为："愿不愿与人合作是一个人具不具备管理者基本素质的问题，而善不善于与人合作则是管理者的能力水平问题。如果你想领导一个团队朝着明确的目标前进，就需要这支做后盾的队伍是高效的。当然，合作并不是靠命令来实现的。"

"人们在完成合作任务时，如果仅仅是因为害怕，或者是出于经济上的不安全感，被动地去做事，那么，这种合作在很多地方是不会令人满意的。因为，这样做便把合作的精神忽略了，而正是这种精神——心甘情愿的合作态度，对团队的成效具有重要的影响。而这种心甘情愿的合作态度，正是依靠沟通的手段来实现的。"

通过各种手段让更多的人认识自己、了解自己，以便得到支持与配合，这就是沟通的内涵。通过沟通，力寻积极的思想，力排一切消极因素，达成共存的双赢基点，就有了社会和谐与和谐社会的基本保障。

做人感悟

一个人要想获得事业上的成功，就必须学会与人合作，必须致力于有效的人际沟通。

第一篇 ◆ 生活不能没有沟通

沟通能提高执行力

几乎在一夜之间,执行力就成为了管理界的一个时髦概念。从来没有人像今天这样重视执行力的建设。于是,有人就说管理其实就是两大职能:沟通和执行。这是对的,作为一个管理者,要做的工作确实就是这么两件。因此,如何提高团队组织的沟通能力和执行力,无疑成了管理者的首要难题。沟通能力有两大部分:一是组织的沟通能力,其偏重于组织的沟通机制是否完善、是否坚持持续不断地沟通运作;二是组织个人的沟通能力,组织的沟通是否畅通取决于个人的沟通水平。从管理的角度来看,沟通和执行是相互依存、相互影响的关系,沟通是执行的基础,执行则是沟通的结果,是检验沟通的标准。

现在,团队讲求的是效益,而效益就是来自执行。有效的沟通才能够提高员工的执行力。

无论是什么性质的团队,都会制定相应的制度;无论出台何种制度,去执行何项任务,都要经过认真的学习与领会,经过上下沟通与交流,才能得到有效的贯彻落实。尤其是现在处于竞争的时代,员工们对精神上的追求和关爱有了更高的需求,所有这些绝非单一物质条件的改善所能取代的,作为他们的管理者,你要多想一想了。

沟通难,是许多团队管理层大感头疼的事。比如遇到问题,大家都不愿意站出来承担责任,而是互相抱怨,互不联系。结果绕来绕去,小事搞大了,大事搞复杂了,最后竟成了互相扯皮,一点儿问题都没解决。如此一来,岂能提高执行力?

很多管理者都会有这样的困惑:团队已经有较好的规章制度和流程规范,但就是没有很好的工作效率,也没有很好的客户满意度,产品质量令人堪忧;团队领导亲和力下降,员工懒散松懈,认为前途渺茫,终日忧心忡忡,无心工作。为什么会出现这种情况呢?这很明显,当然是执行力度不够。而团队里开会的形式往往是这样的:部门开会是先由某某领导站起来说两句开什么会,然后是各个相关人员作报告。作完报告就差不多到下班的时间了。前两个人讲的下面的人还能听进去一点，后面的就不知所云了。开会出现的最多情况就是：先提出开会的议题，议着议着就东拉西扯起来，根本不围绕议题中心进行讨论。结果，会后依然是回到各自的岗位各管各的，一切毫无进展。

其实管理者应该明白，员工们的工作态度不是天生就不好的，他们懒散的作风可以说是管理层怂恿出来的。他们本来有很好的工作方法、工作习惯和工作经验，而管理层却没有组织关于员工资源共享的沟通活动，自然就会让其觉得曲高和寡，没人捧场，这样，谁还去自觉执行呢？

一个沟通不好的管理者，你能寄望于他带着员工好好工作儿吗？由此可以看出，沟通是执行力的要素之一，而把握这个要素的能力关键是看这个团队的管理层。善于沟通与交流，并且能够把工作意图及团队前景准确、有效地传达给员工们，并让其愉悦接受的时候，执行力就自然而然地产生了。

沟通能激发创造力

沟通就是信息的传递。而且，沟通的双方不只是单一的传递信息，它还在信息互换中产生令人愉悦的创造激情。因此，我们说，善于沟通并与其交流也是一种创造力的表现。

我们自己也经常有这样的举动，和别人谈话时谈着谈着，突然灵光一闪："有了！"有什么了呢？当然是谈话谈出了"鬼点子"呗！所以，我们所倡导的沟通，绝不是简简单单地与对方打个招呼、走走过场而已，而是深入实际地了解实情，仔细去倾听，活跃发散型及收敛型思维，并通过"沟通"——这个桥梁，把我们头脑中的"1+1≥2"理念做足、做透。

沟通并不是为了图个好名声去应付别人，而是要敢于创新，勇于开拓，身体力行，付诸实践去与别人交流。要知道，在交流中，你才是最大的受益者。

沟通能激发创造力，要达到这一点，最重要的不是沟通的次数，而是你在双方开诚布公中是否具有捕捉创造力思维的激情。

生物学家莫里斯·威尔金斯与弗朗西斯·克立克是好友，他俩经常会面、一起用餐、讨论科学问题。华生来到剑桥后，也自然而然地加入到他们的行列之中。由于威尔金斯无法在工作上与富兰克林开诚布公地沟通及讨论，郁闷之余，不免向具有共同兴趣的克立克和华生多吐露了一些心声，无意间提供了一些实验室的"机密"。

克立克与华生不乏慧心，就"机密"地深度展开了争论，但也就是这样的争论，才是后来克立克与华生真正创造力的来源，直至他俩被人们认同为"解开DNA之谜"的人。

威尔金斯说，他与富兰克林之间缺乏开放的气氛，碰上歧异也是选择逃避的方式，根本没有积极寻求解决之道，造成了虽然拥有实验数据、可能解开DNA构造，却错失了良机，而让旁人赢得了"大奖"。

这个例子给了我们一个提示：只要做有心人，任何形式的沟通，是商谈也好、是争论也罢，都是创造力真正的来源。

如今社会，竞争越来越激烈，要在竞争中处于不败之地，人的创造力起到了很大的作用。尤其对于一个团队，管理者与员工之间如果少了沟通就多了摩擦，多了沟通就少了消耗。

作为企业管理者，仅仅依靠一些物质手段激励员工，而不着眼于员工的感情生活是不够的，与下属进行思想沟通与情感交流是非常必要的。在如今越来越激烈的竞争大潮中，一个企业要不断地向前发展，人的创造力起到了很大的作用。

一个管理者的创造力是有限的，而全体员工的创造力却是无穷的。因为员工来自企业不同的工作岗位，所以他们的创造力也就全面体现在企业的每一个环节。每个员工都前进一步，整个企业将会前进一大步。但关键是，如何才能激发员工的创造力呢？现代情绪心理学的研究表明，情绪、情感在人的心理活动中起着重要作用。因此，加强与员工们的情感交流就显得尤为重要。因为人们做任何事，都会习惯问一个"为什么"，想不通或者是不明白，就不会做得起劲，而且也不会主动去做，更不要说开动脑筋去想怎么样才能做得更好了。如果一个企业的员工不知道自己的企业发展得如何，面临着怎样的机遇或挑战，他就不会主动地为企业设想出路和寻找发展良机。也许当企业大步向前的时候，员工自己还在自满自足停滞不前，而在事后得知"原来如此"时，却早已时过境迁了。所以，企业在不停发展的同时，也要培养员工以发展的眼光认识企业，并让员工在认识企业的同时，认识自己，想一想自己是否跟得上企业发展的脚步，从而配合企业发展的要求，不断地提高知识水平和各方面的能力。从这一角度来说，企业管理者与员工的及时沟通，就是员工创造力的源泉，这种无形的创造力不仅是员工自身发展的动力，也是企业发展的动力。

做人感悟

沟通是激发创造力的重要条件。

事业的成功离不开良好的沟通

人生的经验与实践表明：事业的成功与否离不开良好的沟通。良好的沟通可以使你获得别人的同情、帮助，与人合作，受到他人的赞赏。中国人很早就体会到了沟通的作用。有俗语为证："一句话使人一跳，一句话使人一笑。"这是我们中国人对于沟通重要性的感悟。

在中国历史上，精于沟通的人很多：晏子使楚，名扬千秋；苏秦善辩，穿梭六国；孔明机智，舌战群儒；解缙巧对，传为美谈；鲁迅、闻一多、周恩来、陈毅，更是现代能言善辩的沟通精英。

在西方国家也有相通之处，古罗马杰出的政治家、哲学家和文学家西塞具有非凡的沟通才能，凭着自己的一张利嘴跻身政界，成为罗马的检察官和执政官。

美国当代亿万富翁鲁几诺·普洛奇，之所以有今天如此显赫的地位，跟他出众的沟通能力有着直接关系。

鲁几诺·普洛奇于1918年出生在美国明尼苏达州的一个小铁矿城。由

于家里贫穷，他常跑到矿场，捡些矿片卖给游客。在与游客打交道的过程中，他开始显示出非凡的沟通才能。

青年时，他就当起了小老板，加入了推销水果的行列。一天，一船的香蕉——18箱——在冷冻厂受损了。香蕉仍然可口，完全没问题，但外面的皮太熟，黑糊糊的，不好看，这会影响香蕉的销量。鲁几诺主动请战，他相信他的口才能给香蕉的销量带来好运。

那时4磅优质的香蕉可卖25美分。同行建议他开始以4磅18美分推销这批香蕉，如果没有人买的话，再降低价钱。

但是鲁几诺自有其绝招。他在门口摆满了堆成小山似的香蕉。然后，他开始叫喊起来：

"阿根廷香蕉！"

根本没有什么阿根廷香蕉，但是这个名字蛮有味道，听起来很高贵。于是招来一大堆人围过来瞧瞧普洛奇的黑糊糊的香蕉。

他说服他的"听众"，这些样子古怪的香蕉，是一种新型的水果，第一次外销到美国。他说为了优待大家，他准备以惊人的低价，1磅10美分，把香蕉卖出去。这个价格比一般没有受损的非"阿根廷香蕉"差不多要贵一倍。

3小时之内，他就把18箱香蕉卖光了。

后来，普洛奇自己终于办起了公司，成为豆芽厂的总经理。

但豆芽厂的规模很小，而且仅仅把豆芽当做食品卖出去，当时销量有限。普洛奇决定把豆芽装成罐头。他打电话给威斯康星州的一个食品包装公司，得到答复，这个公司同意替他把豆芽制成罐头——只要普洛奇能找到任何罐头筒的话。在大战期间，所有的金属都优先用在军事上，老百姓只有极其有限的配给。

普洛奇感到，又是他一展高超口才的时候了。

普洛奇不经任何人搭桥牵线，直接奔向首都华盛顿。他靠他的三寸不烂之舌，"过五关，斩六将"，一直冲到战争生产部门。

他用了一个气派非凡的名称介绍自己，说自己来自"豆芽生产工会"，需要政府帮助。华盛顿的官员热情地接待了他，他给他们的感觉好像他来自什么农人工会，而不是什么公司。战争生产部门让这个来自明尼苏达州的老板带走了好几百万个稍微有些毛病但仍可使用的罐头盒。

普洛奇靠着他出众的口才沟通能力使自己一步步登上事业的顶峰，最终挤进了美国亿万富翁的行列。

做人感悟

良好的沟通能力是人生的一笔财富。你要是拥有良好的沟通能力就能够有效地促进事业的成功。

沟通能有效地融入他人的心

当今社会是一个充满竞争与合作的信息化社会，沟通不仅是人们日常生活之必需，也是直接影响个人事业成败的重要因素。生意场上有"金口玉言，利益攸关"之说；工作场合有"一言定乾坤"之说；生活中有"一言既出，驷马难追"之说。由此可见，在现代社会中，是否能说，是否会说，是否会沟通，对一个人的成败得失有着相当大的影响。

在现实生活中，人们要交流信息，沟通思想，这就得有一定的语言交流能力，不善言谈的人是很难展现自己的价值和魅力的。

1991年11月，中国电影"金鸡奖"与"百花奖"在北京同时揭晓。李雪健因为主演《焦裕禄》中的焦裕禄，最终获得这两项大奖的"最佳男主角"奖。颁奖之后，李雪健在台上致答谢词时说："苦和累都让一个好人——焦裕禄受了；名和利却让一个傻小子——李雪健得了。"他的话音刚落，立即赢得全场一片掌声。

李雪健巧妙地运用两句话，既赞美了焦裕禄的为民奉献精神，又表达了自己受之有愧的心情，打动了观众的心，给人留下难以忘却的美好印象。由此可见，良好的沟通可以带给人愉悦和激动，增进人们之间的感情交流与融洽。

沟通能够有效地融入他人的心。通过口才的交流与沟通，陌生人可以熟识起来，人与人之间的隔阂可以消失，甚至单位之间、社会集团之间、国家之间的矛盾有时也可以通过沟通而解决。若是语言运用不当，就很可

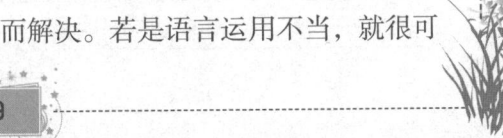

能在交际中失败，以致损害了自己的形象。

一位新秀歌手在一次演唱大奖赛中夺得头名。主持人问这位激动的歌手有什么感受时，他说："今天我博得了第一名非常高兴，我赌得了奖金，而且也赌到了名声。""赌"字一出口，全场一片哗然，嘘声不断，在这种公开的场合如此说话，只会给人以粗俗浅陋之感，致使"新秀"形象在观众心中大打折扣，并了解了他潜意识中的参赛动机与人品。

世界上没有任何一个正常人不需要说话，不需要和别人交流、沟通，也没有任何一种工作不需要和别人打交道。

古希腊曾流传着这样一则故事：

著名的寓言大师伊索年轻时曾给一贵族当奴仆。一天，主人设宴，宴请城中的风流名士。

主人传下话来，让伊索准备最好的酒肴待客。伊索接到主人的命令后，四处收集各种动物的舌头，办了一个舌头宴。

开餐时，主人大吃一惊，忙问："这是怎么回事？"伊索笑着回答："我尊敬的主人，你吩咐我为这些高贵的客人办最好的菜，舌头是引导各种学问的关键，对于这些名士、贵族们来说，舌头宴不是最好的菜吗？"客人听后，一个个都发出赞赏的笑声。主人也对伊索的机智表示赞许。

次日，主人又吩咐伊索说："明天给我办一次酒宴，菜要最差的。"次日，开席上菜时，依然是舌头。主人见状勃然大怒。伊索却不慌不忙地说："难道一切坏事不是从人口中出来的吗？舌头既是最好的，也是最坏的东西啊！"主人听后无话可说。

这则故事说明了一个道理，即说话对于人来说有着无法估量的作用。

人生在社交中度过，话语交流伴随着你每一刻，你时刻在实践着话语交往。沟通是你生活的调味剂，是你事业的推进器，是你家庭的和谐曲，也是你实现自我的凯旋曲。有了良好的沟通能力，你将会愉快地工作，快乐地生活。

 做人感悟

<u>如果你想在滚滚人流中活得轻松，活得潇洒，就一定要对沟通给予足够的重视，并锻炼与努力提升自己的沟通能力。</u>

沟通能打破人际关系的坚冰

日益发展的社会和纷繁复杂的生活牵涉到千头万绪的方方面面，随便某一方面某一时刻的某一因素，都可能引起人们的争执。人民与政府之间，公司与职员之间，老师与学生之间，家长与孩子之间，甚至自己的两种不同想法之间都会发生争执。

社会文明最大的标志之一就是和谐，但是，我们生活中的不和谐音符却越来越多：把美好误为丑恶，把善意误为恶意，把真诚误为虚伪，把正确误为错误……这些都可能成为我们人生中的一抹阴影、一种难堪和一次痛苦。所有这一切的不和谐，最需要什么？答案就是沟通，用沟通代替争执，消除难堪和化解痛苦。

这是个需要沟通的时代：两国的争端，不应该用打仗解决；夫妻有矛盾，不必破口大骂；会议上"水火不容"，可以沟通后"共同改进"。

利益是沟通的基础，诚信是沟通的桥梁。有沟通才有活水，有活水才有活力。如果"鸡犬之声相闻，老死不相往来"，那么就只能是死水一潭，不会有充满活力的和谐局面。

有这样一个沟通的故事：

在东北某地，有家老工厂因为经营状况不佳，眼看要破产了，几百个工人马上就将面临下岗。由于厂子早已是资不抵债，工人们不但拿不到欠发很久的工资，连失业保险也因工厂当初没有按时缴纳而无法享受。

工人们群情激愤地齐聚在厂长办公室的门口，要工厂拿出解决的办法，否则就要上访"告状"。矛盾眼看就要被激化了，厂长不得不和愤怒的工人们沟通。

"工厂就在大家的眼前，"厂长说，"你们也看到了。过去这两年，咱们生产的产品无论数量和质量，都是很糟糕的一个状况。现在就是把工厂贱卖，只怕都没人买。就算卖掉，还得先还银行贷款，大家还是分不到几文。怎么办？把我绑起来揍一顿？把厂里值钱的东西抱回家？把工厂烧了泄愤，然后被警察抓去坐牢？还是我们大家冷静地想出一个彻底解决的办法，

第一篇 ◆ 生活不能没有沟通

共渡眼前的难关？"

工人们安静下来，开始用心倾听。厂长接着诚恳地说：

"咱们这个集体所有制的工厂是大家的，现在工厂欠大家的钱，但我们人人都是生产者，产品质量低，卖不出去，难道和大家没有关系吗？既然事情已经发展到这一步，把工厂烧掉，不就和两口子打架砸自己家的东西一样吗？损失都是自己的。现在，我们不妨组成一个自救委员会，按大家的意见订出一个解决方案。大家都说破产，我跟着大家一块儿下岗；或者咱们狠抓产品质量，暂时少拿点薪水，努力工作，撑几个月看看能否打个翻身仗，那咱们就一块儿拼一下。赚了，是大家的。赔了，咱们再关门也不迟！"

工人们想了想，厂长说的话也有道理。真是赌上一口气，做出什么过火行动，还是什么也拿不到，不如自己给自己当回家，继续做做看。

因为人人都觉得是在为保住自己的饭碗做事，所以都特别努力，特别认真，不到半年，居然还真的让工厂起死回生了。老产品质量上去了，新产品也开发出来了，企业越来越兴旺，不但还了债，而且有了更大的发展。

其实，这个世界是不应该有那么多矛盾的，只要我们有诚意地去沟通，就能化解矛盾，避免争议。沟通的目的当然是为了获得双赢，为什么我们不能多给对方一些真情，多想一些办法去减少争执呢？这样一来，你好、我好、大家都好，不是吗？

矛盾大多始于日常生活中鸡毛蒜皮的小事，一句笑话、一篇文章、一个脸色、一封书信、一则传闻或一件用具等都可能成为误会的原因。

有些误会虽然初时不深，但若未及时消除，就可能会随着时间的延长而愈益加深，甚至促使误会的双方成为仇敌。

人生在世，精神的愉悦胜过一切，而和谐美好的人际关系无疑是构成心情愉快的重要因素。但是误会则使本就和谐或可以和谐的关系恶化，造成人际关系中的遗憾。所以说，这种因误会恶化的关系比直接的不良人际关系更糟糕。误会是对美好关系的破坏。这种破坏并非主观的、有意识的、故意的，而只是因为互相的隔膜、意识的不可通性、感情的客观障碍所致。

争执既已形成，无论是你遭到了误解或你误解了别人，唯有互相沟通才能达到彼此理解，使误会消除。

如果你已经意识到被误解了，最简便直接的办法当然是直接与误解你的人沟通，推心置腹，坦诚相见，不要闷在心中，更不要胡乱猜忌。你可以借一次家宴、一场舞会、一个约会或一通电话互诉衷肠，以心换心，解开疙瘩，重归于好。

做人感悟

天下没有解不开的疙瘩、打不破的坚冰、过不去的火焰山。当你受到误解的时候，误不在你而在对方，若你对对方之误能够宽容大度不予计较，反倒主动地想办法去消除误会，则为君子之量。反之，如果厌恶憎恨对方之误，压根儿不想去消除它，以为会降低了身份，丢自己的面子，而不愿主动去做疏通工作，则为小人之心。

化敌为友善莫大焉

对于与自己意见不同的人，打击报复只能为自己埋下更多的怨恨，树立更多的敌人；而如果能用一颗宽大之心去包容他人量才重用，给他人以平等的待遇，不但能够感化他，为己所用，更能够树立自己的威望，得到更多人的尊敬和拥戴，从而有利于巩固和扩大自己的朋友圈。

武则天作为中国历史上唯一的女皇，以其心术权谋，手段残忍为人所憷，但她惜才、爱才却为世人所称道。

上官婉儿，是李唐时期五言诗"上官体"的鼻祖上官仪的孙女。上官仪是唐初重臣，曾一度官任宰相，后参与高宗的废后行动被武则天发觉，上官仪与其子被斩，上官婉儿与母则为宫婢。婉儿14岁的时候，太子李贤与大臣裴炎、骆宾王等策划倒武政变，婉儿为了报仇也积极参与，但事情败露，太子被废，裴炎被斩，骆宾王死里逃生。但上官婉儿则被武则天所赦。

上官婉儿14岁时曾作了一首《彩书怨》的诗，被武则天无意中发现。武则天不相信这么好的诗会出自一位女孩之手，便以室内剪彩花为题，让她即兴作出一首五律诗，并且要用《彩书怨》同样的韵。婉儿略加凝思，很快写出："密叶因裁吐，新花逐剪舒。攀条虽不谬，摘蕊讵知虚。春至由来发，秋还未肯疏。借问桃将李，相乱欲何如？"武则天看后连声称好，并夸奖她是一位才女。但对"借问桃将李，相乱欲何如"装作不解，问婉儿是什么意思。婉儿答："是说假的花，足以假乱真。""你是不是有意含沙射影？"武则天突然问道。婉儿十分镇静地回答："天后陛下，我听说诗是没有一定解释的，要看解释的人心境如何。陛下如果说我在含沙射影，奴婢也不敢狡辩。""答得好！"武则天不但没生气，还微笑着说："我喜欢你这个倔强的性格。"接着她又问婉儿："我杀了你祖父，也杀了你父亲，你对我应有不共戴天之仇吧？"婉儿依旧平静地说："如果陛下以为是，奴婢也不敢说不是。"武则天又夸她答得好，还表示正期待着这样的回答。接着，武则天赞扬了她祖父上官仪的文才，指出上官仪起草废后诏书的罪恶，希望婉儿能够理解她、效忠她！

　　但是，事与愿违，婉儿不仅没有效忠武则天，反而又参与了政变。执法大臣提出按律"应处以绞刑"；若念其年幼，也可施与流刑，即发配岭南充军。而武则天认为：据其罪行，应判绞刑，但念她才十几岁，若再受些教育，是可以变好的。所以，不宜处死。而发配岭南，山高路远，环境又恶劣，对一个少女来说，也等于要了她的命。所以，也太重些。尤其她很有天资，若用心培养，一定会成为非常出色的人才。为此，武则天决定对婉儿处以黥刑，在她的额上刺一朵梅花，把朱砂涂进去。并决定把婉儿留在她的身边，"用我的力量来感化她"。武则天还表示：如果我连一个十几岁的女孩子都不能感化，又怎么能够"以道德感化天下"呢？

　　武则天不但没有杀她，反而留在自己身边，这使婉儿非常感激。在以后的日子里，武则天又经常对婉儿精心地指导，不断地去感化她、培养她，并重用她。婉儿也从武则天的言行举止中，了解了她的治国天才、博大胸怀和用人艺术，渐渐地对她彻底消除了积怨和误解，代之以敬佩、尊重和爱戴，并以其聪明才智，替她分忧解难，为她尽心尽力，最终成了她最得力的助手。

 **做人感悟**

　　<u>宽恕是一种比较文明的责罚。有权力责罚，却没有责罚；有能力报复，却不去报复。这就是一种宽恕，也是一种与他人沟通的法宝。</u>

第二篇

先识人后沟通

透过眼神洞察内心世界

人常说，眼睛是心灵的窗户，是人类心灵沟通的重要工具，经由眼神可达到交换彼此意见的目的。转瞬即逝的眼神可以包含丰富的信息，足以表达一个人的内心意向。无论一个人心里正在想什么，眼神里都会忠实地反映出来，正如哲人爱默生所说的："人的眼睛和舌头所说的话一样多，不需要字典，却能从眼睛的语言中了解整个世界。"所以，眼睛也观察一个人内心世界的重要途径，通过观察眼睛可以探测到对方的内心世界。

古代孟子认为，观察人的眼睛，可以知道人的善恶。人的心灵是善是恶，都可以从无法掩盖的眼神里显示出来。现代心理学研究发现，眼神真实地反映一个人复杂多变的心理活动。例如，一个人感到愉悦、喜爱、兴奋的时候，眼神就会明光发亮；而当人遇到生气、消极的心情的时候，眼神就无精打采。

事实上，通过眼神来传情达意，表达对他人的态度是一种普遍的心理理解。在两性关系上的表现尤为突出。古时候，当两情相悦时，曾有"心许目成""眉来眼去"和"暗送秋波"之词，来表达男女之间的情花爱果。当今，人们更是用眼神来表示男欢女爱，因而也就经常使用"含情脉脉""眉目传情"和"一见钟情"等词语。

在人际交往中，目光接触和丰富的眼神都发挥着信息传递的重要作用。不同的目光，反映着一个人不同的心理活动。有一次，古希腊哲学家德谟克利特在街上遇见一位他认识的姑娘，就打了一声招呼："姑娘，你好！"第二天，他再一次碰到与昨天同样打扮的那位姑娘时，却招呼道："这……这……太太，你好！"

"姑娘"一夜之间成为"太太"，德谟克利特这样一语道破姑娘的身份变化，那位姑娘脸上泛起了害羞的红晕，便转身离去了。原来，德谟克利特仔细观察了那位姑娘的眼神、气色、面部表情及走路姿态等举止，得出了那位姑娘已经出嫁成为人妻的结论。

在平常办事或商务谈判中，洞察对方的心理就等于掌握了先机。

当年，希尔顿听说一家银行要转手，就赶忙东挪西借如数凑足了钱，付款时不料银行老板却变了卦。随后，他沮丧地走进了一家名叫莫布利旅馆的大门，发现旅馆已经客满。这种情形与他当初帮父亲开小旅馆时的冷清相比简直是天壤之别，他好奇地与站在柜台后面的旅馆老板聊了起来："客房这样贵的价格，房客不会有意见吗？"

"有意见？"旅馆老板理直气壮地说，"谁嫌贵可以不住，没有人强迫他。"

旅馆老板的态度使希尔顿大吃一惊。心想：这家伙用这种态度对待客人，生意还这么好，如果服务再周到一些，生意肯定会更好。于是，他随口说："那你干脆把它卖掉不就得啦，何必自己在这里生闲气呢，省得也惹客人不愉快。"

"老子早就想把这个破店卖掉了，可是没有人要，有什么办法呢，"旅馆老板两手撑着柜台，两眼盯着希尔顿说，"你想想看，在地上随便一戳，就能冒出石油来，谁还有心思来照看这个烂摊子？"

希尔顿仔细打量着对方，不相信地问："那你是真的想卖掉这个旅馆吗？"

旅馆老板回答："要是有人肯买，我马上就办交接。"

希尔顿从旅馆老板的眼神和话语里觉察出了对方急于出手的心理。他突然间意识到，接手这家旅馆也是不错的生意，随即与对方开始讨价。

"如果你诚心买，干脆给你最低价：四万。"老板随口而出。

"能不能再少一点儿？"希尔顿说。

"不行，如果是半个月以前，少于45000块我是绝对不卖的。这几天，我是真有些腻烦了，恨不得马上就带着人挖石油去，所以才减少了5000块，再少就不像话啦！"

"37000，马上付现款，怎么样？"希尔顿涨红着脸说，心里有点紧张。

旅馆老板皱起眉头上下打量着他，不知是怪他不干脆，还是怕他拿不出这么多钱来。没等对方开口，希尔顿又接着说："我身上只有37000元的现款。假如非4万不可，另外3000块我过两天再给你，这样成吗？"

"成啊！"旅馆老板答得很干脆。于是双方成交。就这样，希尔顿拥有了这个旅馆，为他未来的饭店王国铺下了第一块基石。

由此可见，只有看透对方，才能对症下药，掌握主动，进而获得成功的机会。这是一种极其重要的本领，你掌握了它就能成为一个左右逢源的人。

常见的眼神透露出一个人的心理秘密：被对方注视而将视线突然移开的人往往自卑；内向性格的人常常将视线游移在对方身上；真诚的倾听者会将视线集中在对方的眼部和面部；仰视对方的人常常怀有尊敬和信任之意；俯视他人往往是在刻意保持自己的尊严；伴着微笑而注视对方则包含融洽的会意；不停地皱眉而注视对方流露出的是担忧和同情；面无悦色地斜视对方是一种鄙意；看完对方突然发笑是一种讥讽；突然圆目瞪人则表示出警告或制止；从头到脚地审视对方传递着怀疑的信息；话不投机的人一般都尽量避免注视对方的目光，以消除不快等。只要细心观察，我们就可以洞察对方的心理，了解对方的真实意图。

做人感悟

看人要看眼神，通过眼神就能帮助你看透人。

从面部表情判断对方的心理活动

人常说，"人逢喜事精神爽"。当人有内在的情感体验时，一般都会在其面部表现出来，这种在面部表现出来的情绪动作叫做面部表情。在所有的身体姿态中，面部表情最为直观地展示出了人的心理状态及其变化过程，因此可以说，面部表情是人心理变化的晴雨表。

一百多年前，在心理学上就有詹姆斯·兰格的情绪理论，提出人的情绪变化与生理变化有密切关系，认为情绪刺激引起身体的生理反应，而生理反应导致情绪体验的产生。这一理论至今仍然受到人们的关注。

面部表情是最丰富、最具表现力的人体语言。作家罗曼·罗兰说："面部表情是多少世纪培养成功的语言，比嘴里讲的更复杂到千百倍的语言。"面部表情的变化十分迅速、敏捷和细致，它能够真实、准确地反映一个人的情感与情绪。美国前总统富兰克林·罗斯福在20分钟之内，其表情有稀奇、好奇、伪装的吃惊、真情的关怀、担心、同情、坚定、嬉笑、庄严，还有非凡的魅力。可他没有说出来一个字。

在面部表情中,眼、眉、嘴、鼻和两颊的变化最能体现一个人的情绪,所以描述面部表情就有许多生动的词汇:两眼闪光、眼泪汪汪、眉头紧锁、眉飞色舞、得意扬扬、喜笑颜开、愁容满面、双目怒视、嗤之以鼻等。人的喜怒哀乐的确是形之于色,令人一眼就可以看穿。例如:如果一个人春风得意,必定会双眉舒展,面带笑容;如果内心悲哀,则是双眉紧锁,面带愁云;如果怒火中烧,往往是脸红脖子粗,面部肌肉紧张,甚至双眉竖立、咬牙切齿;如果感觉内心有愧,常常两耳发红,脸上发热出汗,因而古人用"汗颜"来形容羞愧的表情;如果内心恐惧,通常脸色苍白,嘴唇颤抖,呼吸不畅,如此等等,不一而足。

面部表情传达出的信息最能吸引对方的注意,所以有"出门看天气,进门看脸色"之说。在人际交往中,你还没开口对方就已经从你的面部表情上得到了一定信息,对你的心理、气质、情绪、性格、态度等有所了解了。

在商业领域,通过观察面部表情能够了解客户的心理活动。相传古代波斯商人在向顾客展示珠宝时,非常注意观察顾客的细微表情变化。一旦发现顾客在观赏珠宝时眼珠发亮或者嘴角微张,随即就会开出大价钱。

在现代职场中,面部表情直接影响说话办事时沟通的结果。

美国亿万富翁戴维·托马斯12岁那年,好不容易才找到了第一份工作——在一个杂货店里当学徒,一天,老板把戴维叫到了一边,鼓励他说:"小伙子,干得不错!我要歇业两周去度假。"听到这个消息,戴维很高兴,他就打算去附近的水上游乐中心游玩。不料,一个礼拜后,老板提前回来了,希望他提前上班。戴维来到店里,低头看着货柜,吞吞吐吐地说:"既然您告诉我可以离开两周,我已经安排了别的计划。再过一周我会准时上班的。"店主看见戴维不自然的表情,心里明白了他在撒谎。戴维在第二天没有露面,他就被炒了"鱿鱼"。这个教训使戴维明白,撒谎时脸上会泄露出来的。

戴维成年后成了一位收入颇丰的餐馆经理。这时,快餐肯德基刚刚起步,创始人哈兰·桑德斯上校四处奔波扩大加盟店,戴维就与前来推销的桑德斯见面了。此时,桑德斯业已六十多岁,身穿笔挺的白色西服,留着

第二篇 ◆ 先识人后沟通

别致的胡须，始终是一副诚恳和善的面容。在交谈之中戴维感觉他是可以信赖的合作伙伴，随即就辞职跟随桑德斯推广肯德基去了。两年后，随着肯德基上市，戴维靠持有肯德基的原始股份挣来了第一桶金，为后来开创他的温迪快餐业打下了坚实基础。

面部表情是写在脸上的心。经常性、习惯性的面部表情会随着时间的流逝在人的面部留下印记。正如俗话所说的"善人有善相，恶人有恶相"。

桑德斯上校让戴维感觉他和颜慈目，与他几十年来与人为善不无关系。美国第16任总统林肯曾经拒绝了朋友推荐的候选阁员，原因是他不喜欢那个人的相貌。这位朋友感到愕然，认为这个原因太苛刻了，就疑惑地说："他不能为自己天生的相貌负责呀！"林肯断然地回答道："不，一个人过了40岁以后就该对自己的面貌负责。"在林肯看来，相貌虽然是父母所赐，但人的面部表情是可以熏陶和改变的。一个人内心丑恶，经年累月必然会形成狰狞的面目；一个人心地善良，久而久之就显现出和颜悦色。

在生活中，我们不难看出，一个人的心理状态、生活经历、品质秉性、学识修养等都会在脸上留下痕迹。这就是说，一个人是善良、宽厚，还是邪恶、狡诈，是热情、随和，还是冷漠、高傲，是乐于精诚合作，还是惯于拨弄是非，是可以从面部表情中分辨出来的。尽管人的面部表情千变万化，但按照心理学家的看法，人的表情可以大致概括为九类：

一、兴趣—激动——额肌带动眉毛上扬，眼轮匝肌带动双眼大睁，同时嘴轮匝肌牵动双唇张开。

二、满意—欣喜——由皱眉肌将双眉略微下垂，由眼轮匝肌使双目半合半闭，嘴轮匝肌和面颊肌收缩显出微带笑意。

三、惊讶—震惊——前额肌牵动双眉上抬，眼轮匝肌带动双目圆睁，嘴轮匝肌使嘴巴圆张，同时前额皱起。

四、苦恼—痛苦——皱眉肌使双眉下垂，半合双眼，嘴角向下拉。

五、反感—嫌恶——低垂双眉，半合双眼，翘起上唇并由后扩张肌带动鼻翼扇动。

六、生气—愤怒——双眉下垂，双目圆瞪，并且嘴轮匝肌压收缩双唇。

七、羞愧—屈辱——低垂双眼，紧锁双唇，前额和眉毛则无特殊变化。

八、害怕—恐惧——眉毛上抬，瞠目结舌，鼻翼扇动，同时面颊肌紧紧压住双颊。

九、蔑视—鄙弃——眉毛翘起,眯缝双眼,双颊下绷,嘴轻蔑地向一边撇去。

现代心理学认为,人的面部表情与性格特征也有着密切的关系。换言之,我们通过观察面部表情可以了解一个人的性格,进而推测其说话办事的方式及其特点,这样就可以采取正确的对策。性格特征与面部表情的关系大致可以归结如下:

性格达观的人,一贯心情开朗愉快,表现得无忧无虑,其面部表情总像是在微笑,面部肌肉较为松弛、平滑,两唇微张,嘴角上扬,两腮上面的肌肉突出,抬头纹和眼角下的皱纹表现得较明显。

性格内向人,平时安静沉稳,处事谨慎,表现为办事顾虑多,较孤僻。这种人的面部表情不自然,两唇紧闭呈一字形,显得嘴小一些,唇颊相接部位的皱纹和眼角皱纹表现得较明显。

性格幽默诙谐的人,平时快乐滑稽,说话妙趣横生,面部表情是嘴角上扬,口为上凹弧状而眼眉挑起呈上凹弧,恰与口的上凹弧遥相呼应,眼睛眯成一条缝,总有一种引人发笑的感觉。这种人一般抬头纹和眼角下的皱纹表现得较明显。

性格忧郁的人,情绪苦闷、孤独、焦虑、忧愁,其表情显得拘谨,极不舒展,眉间纹、人中纹和唇下纹比一般人明显。

做人感悟

"看人先看脸,见脸如见心。"正所谓"相由心生",从面部表情中可以看出一个人的心理变化。

通过言谈举止洞察他人心理秘密

相传中国古代伯乐靠相术相马,后被引申到识别人才上。近代儒学大家曾国藩习惯采用依靠相面,察言观色识人。其方法主要是通过观察一个人的言谈举止,看其气质、精神风貌,然后凭自己的经验作出判断与抉挥。蒋介石一生效法曾国藩的为人处世，在用人上也套用此法。他通过细微小事、语言交流，观察对方，看其是否有用，然后决定取舍。凡是被他所相中的人就可以提拔重用，反之，即使有天大的本领也会弃之不用，甚至被怀疑、提防。蒋介石用这种识人术选拔到了他所需要的干才，为他夺权、固权发挥了重要作用。

从心理学的角度来看，言谈举止是一个人精神境界、气质和性格的具体体现。精神境界是内心的真实反映，气质是由内而外散发出来的，性格特征是心理和修养的综合反映，这些都不是可以随意伪装出来的。不同类型的人，自然会表现出不一样的言谈举止习惯。因而观察一个人的言谈举止，就可以获得其精神面貌、价值取向、个性特征、个人气质、品德修养、所学专业等等信息。20世纪30年代，美国记者斯诺到了延安，第一眼就从人群中认出了周恩来。原因只有一个，周恩来曾经出国留洋，博览群书，"腹有诗书气自华"，他虽然身着粗布军装却气质非凡。

在人际交往中，只要细心观察一个人的言谈举止，即使是初次打交道的人，也可以判断出对方的基本情况。

当年，英国作家塞谬尔·约翰逊主编的《英语语言词典》影响很大。有一次，约翰逊偶尔遇到两位女读者，她们当面称赞说，他在词典中省略了一些猥亵词语。约翰逊惊讶地说道："哦！亲爱的小姐，那么你们都已经找过这些词了？"这两位女读者立刻红了脸。约翰逊随即就改换了话题。两位女士好奇地问约翰逊是如何知道她们是"小姐"而非"女工"的。约翰逊笑道："年轻未婚的小姐在提到猥亵词语时才会害羞脸红。想必二位也是知识女性吧。你们翻阅了我的这本词典说明你们具有相当的文化素养啊！"两位女读者听后点头表示认可。

在商务交往中，通过说话办事中的言谈举止也可以了解对方的实情。

一家公司与客户洽谈一笔生意。双方谈到中午时分还没有结束。于是老板邀请客户一起用餐。在饭桌上，老板向女服务员要烟灰缸，女服务员提醒说这里是无烟饭店。随后，老板却毫无顾忌地吸了起来。当临桌的女食客闻到烟味感觉不舒服，希望这位老板掐掉烟蒂时，这位老板不仅没有一丝歉意，竟然把点着的烟藏在餐桌下，露出一副"小聪明"的样子。宴会结束后，原本要签订合同的客户改变了主意。客户心想，老板的举止表明他不是一个守规矩的人,公司的老板修养如此,可想而知公司也好不到哪里去。一旦双方在合作中发生纠纷后果难以预料。客户后来经过咨询发现,这个老板果然是缺乏基本的诚信。他因为包工欠账才开办这个公司,而且因为拖欠客户货款已经被起诉到法院。

平时说话办事,除了要考虑对方的身份以外,还要注意观察对方的性格。一般来说,一个人的性格特点往往通过言谈举止和面部表情等流露出来的。

性格急躁的人,一般是快言快语,举止简捷。眼神锋利,情绪容易冲动。

性格开朗的人,一般直率热情,活泼好动,反应迅速、喜欢与人交往。

性格稳重的人,一般表情细腻,眼神稳定,说话慢条斯理,举止注意分寸。

性格孤僻的人,一般不苟言笑,表情安静、抑郁,喜欢独处,不喜欢交往。

骄傲自负的人,一般恃才傲物,刚愎自用,喜欢自吹自擂,甚至口出狂言。

谦虚谨慎的人,一般尊重别人,懂礼貌、讲信义,遇事小心,按规矩办事。

 **做人感悟**

言谈举止是一个人内心世界和性格特征的外在反映。通过观察一个人的言谈举止,就可以看出一个人的性格特征和处世态度。

内外结合判断人

中国自古以来就有识人术的存在,识人基本上是出于一种对人心理上的判断,与现代的心理学研究的问题有相通之处,但这与多少有迷信色彩的相人不同,它主要是以相人为基础,进一步分析眼神、表情和举止动作等一些细微的方面,从而得到对一个人综合性的判断。

三国的时候，有一个叫桥玄的人，初见曹操便直断其有安抚百姓的才能。桥玄观察曹操的一言一行，心中感觉此人不简单，评价道："卿治世之能臣，乱世之奸雄也。"也就是说，曹操在太平无事的时候可以当一个能干的大臣，而在生逢乱世的时候就能成为世间的奸雄。据说，曹操闻言大喜，认为桥玄是了解自己的人，后来一切的事实也证实了桥玄的预言。

识人是有方法的，其原则和要领如下：

首先，从外部表现看内部实质。识人当然是从人的外部表现开始，但是却不能停留在外部表现，而要从一个人外在的表现看出其内在的品性，这样才是正确的识人之道。

人的外在表现一般包括人的精神面貌、体格筋骨、气质色相、仪态容貌和言行举止等。《人物志》共列出了人的九个特征：神、精、筋、骨、气、色、仪、容、言。根据这九种外在的表征，可以看出一个人所具有的性情，从而了解其勇怯、强弱、躁静、缓急等性情。

性情的重点在于情而不在于性，原因是情是由性衍生出来的，同时情也要受环境的感染，人人几乎各有不同。所有这些都决定了人情的变化相当繁杂，如果用分类法来加以区分和归纳，实际上都显得牵强而不够精细。但是，以简御繁，把人情归纳成几种简单的类型，仍然是十分必要的。

其次，由显著表现看细微个性。识人的要领在于由显见微。有些人常常东张西望，心浮气躁；有些人则安如泰山，气定神闲。前者往往是拿不定主意、犹豫不决的人，而后者则很可能是临危不乱的高人。一个人的气质到底如何，很容易从其容貌和姿态上看出来，无论是眼神、印堂还是眉宇之间都相当显著。

最后，认识共同点，辨析不同处。人似乎只有那么几种类型。但只要再细加分析，就不难发现，其实同一类型的人往往又具有各自不同的性情。从共同点中要发现各自的差异，对于认识一个人的本质和性情是十分必要的。

**做人感悟**

识人之道贵在透过表面现象，用你的慧眼能够看穿一个人的本质。

不要以貌取人

我们都知道，不要以第一印象来论断别人，因为人不可貌相。一眼就要看穿别人，实在非常不可靠。但是，别人常常以第一印象来论断我们，往往在第一次见面时，就表现出欣赏或不屑的样子。

我们知道，沟通是为了搞好人际关系，而人际关系与人的长相并没有必然的联系，不是说人长得漂亮，人际关系就好，人长得丑，人际关系就差。但不可否认，有人靠长相，在处理人际关系时占了很大的便宜，同时也有人因长相吃了很大的亏。举个例子，在《三国演义》中，最出色、最具传奇色彩的恐怕要属诸葛亮了。但不要忘了，当时还有一个与诸葛亮齐名的人，就是庞统，"伏龙、凤雏，得一人可得天下"，可以说二人的实力差不多。可是二人的际遇却大不相同：刘备三顾茅庐，才请得诸葛亮出山，并奉诸葛亮为军师，以师礼待之。而庞统虽然巧献连环计，帮了刘备一个大忙，却需要拿着诸葛亮的荐书去谋个一官半职，最后刘备只派他当个耒阳县令，要不是张飞误打误撞，使庞统展现出过人的才华，估计他一辈子就是"县太爷"的命了。诸葛亮成为蜀国的丞相，帮助刘备三分天下，而庞统可以说寸功未立，就惨死于落凤坡。

为什么实力相当的两个人，际遇如此不同？是庞统徒有虚名吗？不是，我们再看书中对诸葛亮的相貌描写："孔明身长八尺，面如冠玉，头戴纶巾，身披鹤氅，飘飘然有神仙之概。"再看庞统："（孙）权见其人浓眉掀鼻，黑面短髯，形容古怪，心中不喜。""玄德见统貌陋，心中亦不悦。"

这恐怕就是关键所在。就因为庞统长得难看，估计又形成恃才傲物的性格，所以孙权不喜欢他，刘备也不喜欢他。我想，他初见刘备之时，就算拿出诸葛亮的荐书，恐怕刘备也只是碍于情面，封他一官半职，而非真正欣赏他的才华。这就是第一印象的重要性，也是以貌取人的代价。

我们不能以貌取人，但是也不能忽视别人的长相。一表人才也提醒我们端详别人的长相，因为相貌在一定程度上反映了人的内心世界，即"相由心生"。但是，如果完全凭一个人的相貌来判断他的心，就容易犯致命的错误。

人是很善于伪装的，所以要特别小心，看人的时候要多看几遍，要多来往几次。

看一个人，要看他的眼睛，眼睛是心灵的窗口：一个人目露凶光，说明他很凶狠；目光暗淡，说明他没有什么能力；双目无神，说明这个人的运气不好。当一个人看到你，目光就闪烁不定，根本不敢跟你对视时，要看他是男人还是女人。一个男人想骗你的时候，他根本不敢看你的眼睛，而是会躲来躲去；女人则刚好相反，她在盯着你的眼睛的时候才开始骗你。这就是男女有别，不要上当。

在人际交往中，几乎每个人都戴着一个面具。随着人际关系的加强，你要使他主动拿掉面具，达到真诚交往的目的。但是你不能要求每个人一见面就很真诚地对你，这是不太可能的事情。

真诚是一个人重要的美德，但是原本很真诚的人，会变得非常不真诚。很可能是因为他真诚待人，上过几次当以后，就对真诚失去了信心，变得比谁都不真诚了。所以，我们在培养人际关系的时候应该记住，要谨慎地保护自己，使自己永远对真诚有信心。只有步步为营的人，才会少吃亏，而少吃亏，才能保持真诚的态度。

做人感悟

"小心驶得万年船"。

第三篇
赢得人心最重要

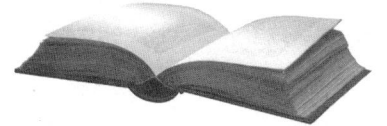

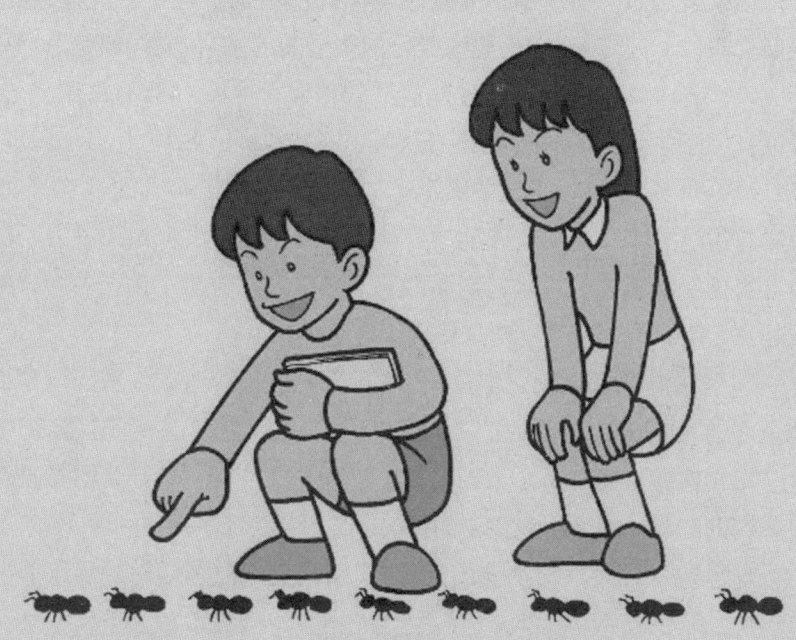

交往的第一步是记住对方的名字

记住并重视朋友和各界人士的名字的方法，是许多领导人成功的秘诀之一。记住人们的名字，对被叫出名字的人来说，这是语言中最甜蜜、最重要的声音。而这又恰恰是你迈出沟通大门的第一步。

1898年，纽约的洛克兰发生了一场悲剧——一个小孩死了。这一天，邻居们正准备去参加葬礼，吉姆·法里走到马房去拉他的马。地上充满积雪，空气寒冷，那匹马好几天没有运动了，当它被拉到水槽的时候便欢欣鼓舞起来，把两腿踢得高高的。结果，吉姆·法里被踢死了。因此，这个小小的镇上，一个星期内举行了两次葬礼。

吉姆·法里留下了一个寡妇和三个孩子，还有几百元钱的保险金。他最大的儿子吉姆才10岁，就要到一个砖厂去工作——运沙，把沙倒入砖模，再把砖坯转换方向在太阳下晒干。这个孩子一直没机会受教育。但是，他有一种使人喜欢他的能力。后来，他走上了政治活动的舞台。随着岁月不断地流逝，他练就了一种记住他人名字的惊人能力。

他没有进过一所中学，但是在他46岁的时候，有4所学院已经授予了他荣誉学位，他同时也成为民主党全国委员会的主席、美国邮政总局局长。

当记者去访问吉姆，请教他成功的秘诀，他说："努力工作。"于是记者说："别开玩笑了。"他接着问记者认为他成功的理由是什么。记者回答："听说你可以叫出一万个人的名字。""我能叫出五万个人的名字。"他说。不要忽视这一点。他的这项能力使他帮助富兰克林·罗斯福进入了白宫。在吉姆为一家石膏公司推销产品的那几年以及在升为小镇上一名公务员之前的那几年，他创造了一套记住别人姓名的方法。

这是一个非常简单的方法。每次他新认识一个人，他就问清楚那个人的全名、家庭人口、他的职业以及政治观点。他把这些资料全记在脑海里。第二次他又碰到那个人的时候，即使过了一年，他还是能拍拍对方的肩膀，询问起他的妻子和孩子的情况，以及他家后院种的那些植物。

难怪他有一大群拥护他的人！在罗斯福竞选总统活动开展以前的好几

个月，吉姆每天都写好几百封信，给遍布西部和西北部各州的人们。然后，他跳上火车，在19天内足迹踏遍了19个州。那12000英里的路程，他以马车、火车、汽车和轻舟代步。每到一个市镇，就跟他所认识的人一起吃早餐或午餐，喝茶或者吃晚饭，跟他们谈肺腑之言。然后，又继续他的下一站。等他回到东部，他就写信给他到过的每一个市镇上的某个人，索取一份所有和他谈过话的人名单，然后加以整理，他就有了成千上万个人的名字了。这名单上的每一个人，都会收到一封吉姆的私函。那些信都以"亲爱的比尔"，或者"亲爱的杰克"开头，结尾总是签上"吉姆"。

吉姆早年就发现一般人对自己的名字比对地球上所有名字的总和还要感兴趣。记住人们的名字，而且很轻松地就能叫出来，等于给予别人一个很巧妙而又有效的赞美。如果把别人的名字忘掉或者写错，你就会处于一种非常不利的地位。

 **做人感悟**

轻松地喊出他人的名字是获取别人好感的一种手段。因此，你如果想获得别人的好感，广交朋友，请记住：记住他人的名字，而且很容易地叫出来，这样就等于给别人一个贴切而又有效的称赞。这就是成功交际的法宝。

建立良好的第一印象

有人说，你给人的第一印象就注定了别人对你的感觉。尤其是第一次约会时，你几乎已经决定了还要不要再跟这个人见第二次面！著名设计大师米歇尔·德·卢基（MicheleDe Lucchi）先生说过一句名言："一个人永远不会有第二次机会给人以第一印象。"你创造的每一个印象都可能成为永远的深刻印象，你没有第二次机会去创造美好的第一印象。从某种意义上说，第一印象决定一切。唯其如此，人们非常重视第一印象，力图发挥其微妙而深远的影响力。

1972年，美国总统尼克松第一次到中国来。为了这个重要时刻，他事先做了精心安排，比如在下飞机的时候，担心随从人员蜂拥而出不能突出自己，就让所有人都待在飞机里，自己和夫人首先走下舷梯，起到了很好的效果。

中央电视台黄金时段的广告费是以秒来计的，5秒钟48000元，平均每秒近万元，这些费用还不包括法定节假日加收20%的广告费等。在这么短短的几秒钟究竟会产生什么样的效益？竟然能让向来精明的企业家们愿意一掷千金？因为这个时段是给观众留下第一印象的最佳时机。

许多地方政府都非常重视火车站的建设，像北京西站的"北京第一印象工程"，因为它会给初次到北京的人留下深刻的第一印象。

那么，第一印象是如何形成的？哪些因素影响着第一印象？怎样通过第一印象增加个体在沟通中的影响力？

一、什么是第一印象

所谓印象，是指保留在某一个体头脑中的、对某人或某物的认知形象。个体首次接触到新的社会情境时总是按照个体以往经验，将情境中的人或物进行归类，明确它对个体的意义，以使个体的行为获得明确定向，这一过程称为印象形成。

素不相识的人初次见面时，都会不经意地靠直觉观察，并凭借社会知觉形成的经验对所要交往的人，迅速地做出概括而又明晰的判断。简言之，陌生人在第一次接触时形成的判断就叫第一印象。它先入为主，对交往双方后来逐渐形成的总体印象具有较大的决定力和影响力。从心理学的角度看，当人们根据一系列信息去认识某一对象时，最初得到的信息比以后得到的信息占有压倒的优势。人们对最初出现和接收的信息比较重视，并以此为参照，影响以后的总体印象。在现实生活中，人们常常根据这种第一印象的先入为主作用来决定自己第二次以至接下来的交往行为。

一个完整的人际沟通过程包括信息发送、接收和反馈三个环节。第一印象就是信息发送的环节，当人们初次接触时，给彼此发送的信息大多数是非言语信息，从信息处理的角度说，第一印象是在初次接触的瞬间产生的，是信息在感觉通道内迅速被登记并保留这一瞬间的记忆。这种瞬间记忆的容量非常大，为9~20比特，但保留时间非常短，图像记忆保持的时间为0.25~1秒，声像记忆保持的时间可以超过1秒，但不会长于4秒。只要对瞬间记忆中的信息加以注意，就可以把其中的信息保持到1分钟以上。由此看来，交往中的个体只要在最初的0.25秒给对方留下深刻的良好的刺激，就一定会吸引对方的注意力，把握沟通方向。或者说，至少在4秒钟之内，交往的双方已经开始留下彼此的印象，并下意识地为接下来的沟通定下方向。比如在应聘的时候，短短几秒钟内你留给主考官的印象，或许就已经决定了你的成功与否。

二、第一印象效应

中央电视台各时段广告的播放顺序不一样，价格也不一样，除了基本广告费外，排在第一位置的广告要加收20%的费用，因为这个首要位置可以更好地营造先入为主、占尽先机的第一印象效应。

有这样一个实验：一个心理学家让两个学生A和B都回答同样的30道题，并把答案告诉他们，只让他们做对其中的15道题。但是让学生A回答正确的题目尽量出现在前15题，而让学生B回答正确的题目尽量出现在后15道题，然后让一些人对两个学生进行评价：两相比较，谁更聪明一些？结果发现，多数人都认为学生A更聪明。这就是第一印象效应。其实，就像评价一个人，如果你先批评后表扬，他会不舒服，如果你批评他之前先表扬一番，他会虚心接受你的批评。

对于素昧平生的人来说，第一次见面前对彼此的印象就是一张白纸，第一印象毫无疑问是这张白纸上的第一笔，它最容易被人记住，因为最先出现的和最先保留下来的信息最容易被记忆，这是最重要的记忆规律之一。

在第一印象的形成过程中，人们的情绪判断往往比理智判断快，也就是说，面对一个刺激，人们首先产生情绪反应，之后才会有理智反应。

初恋对于大多数人来说都是刻骨铭心的，尽管由初恋而结婚者比例非常低，但人们都十分怀念那种最初的感觉，即使那种感觉是痛苦的，但是痛并快乐着，有的人一生都受到影响。从爱情全过程来看，初恋是第一次情感经历，它就理所当然地成为爱情的第一印象，对一个人后来的情感生活影响很大。

三、第一印象的重要性

在印象的形成过程中，信息的出现顺序对印象的形成有重要作用。最初出现的信息影响最大，称为首因效应。第一印象就是在这种效应下产生的。第一印象一经建立，对其后出现信息的理解和组织具有较强的定向作用，个体对后续信息的解释往往是根据第一印象完成的。于是，就出现了光环效应，第一印象好，则一好百好；第一印象差，则雪上加霜。

第一印象一旦形成，就在不经意间给个体贴上了一个标签，使人对后来观察和感知到的内容则往往不大注意或被忽视，即使后来的印象与最初的印象有差距，也会服从最初印象。比如，别人留给你一个不好的第一印象，你以后再看他的时候，就不会像第一次看见他的时候那样不带任何偏见，而是有了一定的倾向性。我们也不会去注意所有的信息，而是倾向于寻找那些与我们已经形成的第一印象相符合的信息，即使碰上与之相矛盾的信息，我们也往往会寻找借口，"自圆其说"。因此，如果一位老师的第一节课讲得很成功，以后即使他讲得不太好，我们也会为他寻找借口，比如"昨天可能睡得太晚""下一次课会讲好的"等；而如果这位老师第一节课上得很糟糕，以后他讲得再好，学生也有可能认为是"瞎猫碰上死耗子"。

尽管人们都知道第一印象的形成有偏重外在而忽视内涵的倾向，更缺少理性的判断，但我们都摆脱不了第一印象造成的影响，这也是一个认知规律。因为一切认识活动都要经历一个从感性到理性的过程，不可能先有理性判断再有感性判断，而感性知识是依靠感觉器官获得的。换言之，在第一印象的形成过程中，外貌、举止、目光接触、表情等非言语信息是最先让人感触到的，我们的认识活动是跟着感觉走，感觉到了，你就会受到影响，感觉不到的，你就不会受到影响。

非言语信息会增加个体的吸引力，为第一印象锦上添花，非言语信息表现得恰到好处，就会产生"随风潜入夜，润物细无声"的潜移默化作用，使你的形象更加符合当时的情景，增加你的影响力。非言语信息具有暗示性和模糊性，尤其是它的心理暗示性影响更大，人们更容易受到心理暗示的影响，心理暗示的效果比明确告知作用大。

下面我们用事例和实验来说明第一印象是如何发生作用的。

例1. 孔子受第一印象影响

孔子有好多弟子，其中一个叫宰予的，能说会道，利口善辩，初次见面就博得孔子的好感，给孔子留下了良好的第一印象，但孔子后来发现他既无仁德又十分懒惰，大白天不读书听讲，躺在床上睡大觉。为此，孔子骂他是"朽木不可雕"。

还有一个叫子羽的人去拜见孔子，想成为孔子的学生，跟随孔子学习，第一次拜见孔子时，孔子见他体态和相貌很丑陋，对他印象不好，认为他资质低下，不会成才，觉得长相这么丑的人怎么会有才气呢？所以对子羽态度很冷淡，不愿尽心教他。子羽感到没趣，只好退而自学。以后他刻苦自励，终有所成，跟随他的弟子有三百人，声誉很高，各诸侯国都传颂他的名字。孔子知道后深为后悔地发出了"吾以言取人，失之宰予；以貌取人，失之子羽"的感叹。由此可见，第一印象是多么重要，作为世代宗师的孔子尽管对于人情世故明察秋毫也难免受到影响。

例2. 对一个人的不同评价

心理学家设计了两段文字，描写一个叫吉姆的男孩一天的活动。其中一段将吉姆描写成一个活泼外向的人：他与朋友一起上学，与熟人聊天，与刚认识不久的女孩打招呼等；而另一段则将他描写成一个内向的人。研究者让一些人先阅读描写吉姆外向的文字，再阅读描写他内向的文字；再让另一些人先阅读描写吉姆内向的文字，后阅读描写他外向的文字；然后请所有的人都来评价吉姆的性格特征。结果，先阅读外向文字的人中，78%的人评价吉姆热情外向，而先阅读内向文字的人中则只有18%的人认为吉姆热情外向。由此可见，人们在不知不觉中，倾向于根据最先接受到的信息来形成对别人的印象。

第一印象通常难以改变，而且在以后的交往中人们还会寻找更多的理由去支持这种印象。尽管在初次交往中表现的特征并不一定完全符合实际情况，但人们在很长一段时间里仍然要坚持对一个人的最初评价。

例3. 心理暗示的作用

有这样一个心理实验：请你水平伸出双手，掌心朝上，闭上双眼。然后你反复默想，你的左手上系了一个氢气球，并且不断向上飘；你的右手上绑了一块大石头，向下坠。

3分钟以后，看你双手之间的上下差距，你会发现本来处在同样高度

的双手发生了变化：你的左手在右手上面，并且两手上下距离越大，那么你所受到的暗示就越大。

这个实验说明暗示信息对人们行为的影响非常大，有时甚至是决定性的。综上所述，第一印象会左右人们的感觉，需要引起我们对它足够的注意。

四、交往礼仪与第一印象

据说，一个西方人第一次到中国，在大街上经常看到三三两两的女孩子手牵手，甚至有更亲昵的动作，男孩子之间也有不少类似现象，他非常吃惊，觉得中国是同性恋的王国，同性之间如此亲密的行为在他的国度是同性恋行为。然而在中国，这种行为却暗示着两人之间的友谊关系。美国人非常尊重个人隐私，在大多数社交场合，距离太近是不礼貌的；而阿拉伯人却恰恰相反，如果一个美国人跟一个阿拉伯人在一起就会有点麻烦，觉得别扭。

不同的国家和民族有着不同的礼仪，了解一些基本的社交礼仪和技巧，可以在不经意间创造良好的第一印象，起到事半功倍的巨大影响力。没有规矩不成方圆，礼仪是一门综合性较强的行为科学，是指在人际交往中，自始至终地以一定的、约定俗成的程序和方式来表现的律己、敬人的完整行为。

在初次见面时，一个举手投足彬彬有礼的人总是能给人很深印象。那么，哪些礼仪可以给第一印象锦上添花呢？

（一）头发张扬个性

在生活中，只要看一下某个人的头发就可以对他有一个大致的判断，比如一个长发飘飘的女性可能是一个内心细腻的人，一个男性的头发过肩一定是个比较另类的人，一个满头"雪花"的人可能比较邋遢，头发被染上好多种颜色并且发型怪异的人应该非常叛逆，前卫和怪异的发型往往受艺术工作者青睐等等。

不管一个人头发如何修饰，必须注意一些礼仪规范。

1. 干净

这是一个最基本的要求。头发最好每天洗一次，每三天至少洗一次，特别是初次见面前，一定要进行一次洗发，或理发，保持头发干净整齐。

2. 长短适宜

如果单单从职业角度考虑，女性的头发一般不超过肩部，长于肩部要做技术性处理，盘起来、挽起来、梳起来，不能随意披散开来。男性的头发不能超过7厘米，或者以发长不触及衬衫领口为准，当然也不能剃光头。

3. 发型考虑根据个人条件

选择发型尽管是个人偏好，但一定要考虑个人条件。F4的发型虽然比较酷但未必适合你。一个人的发型要与他的发质、脸形、身高、胖瘦、年龄、着装、职业、身份等因素相结合，比如公务员的发型应当庄重一点，学生的发型则可以个性时尚一点。当然，脸型对发型影响最大，比如方脸的男性不适合直发，因为直发反而会扩大方脸给人以生硬的印象。

4. 染色

头发保持自然色最好，也可以使用染发剂把头发染成自己喜欢的颜色，根据自己的肤色、脸形等因素选择适合自己的颜色，每次染发的时间间隔以新发与旧发之间的界限是否明显为度。公务员是不宜把头发染成彩色的，当然，可以把花白的头发染黑。

另外，在发型的选择上，如果你拿不定主意，可以听听专业美发师的建议。

（二）脸面是最吸引眼球的地方

心理学家范兹（R. L. Fantzs）曾经做过一个视觉偏好实验，发现刚刚出生10小时的婴儿就比较喜欢看人脸，这足以说明脸面的吸引力，难怪我们都非常爱面子。

脸面中最引人注目的是眼睛，依次是鼻子和嘴。

眼睛无论大小，一定要干净、有神，尤其是眼部的分泌物要及时清除。如果戴近视眼镜，镜框和镜片不能有破损，绝对不能戴墨镜。

鼻子的清洁非常重要，分泌物过多应提前清除，鼻毛如果长到鼻孔外，应提前修剪。

嘴的修饰要做到牙齿清洁、口腔无异味。嘴角的清洁非常重要，这一点容易被人忽略，有的人吃完东西之后往往会忘掉擦拭嘴角，留下残渣，很不雅观。初次见面前不要吃大蒜、葱等气味刺鼻的东西，即使吃了，一定要想办法尽快去除，如吃口香糖等。

此外，女性面部的化妆应适度，要分场合。在办公室要淡妆，在舞会等社交场合可以稍浓一些，但不能太夸张，血盆大口、浓妆艳抹、熊猫眼未必好看。男性的胡须应剃干净，如果想突出个性保留胡须，一定要修剪整洁。

（三）手的修饰

手在肢体语言的表达方面起着举足轻重的作用。初次见面的人，最先接触的部位就是手。手是人体中最敏感的部位之一，我们常常看到热恋中的男女手牵手，因为手能够传递更多的信息。

1．勤洗手

一定要经常洗手，保持手的清洁。一只脏兮兮的手会让人极不舒服，在2003年的"非典时期"，人们对这一点有很深的体会。

2．莫留太长指甲

指甲平均每月生长5~12毫米，应定期修剪，每周至少修剪一次。不要太短，那样会使甲床暴露过多而受损伤、疼痛，甚至感染。也不要太长，指甲的长度以不超过手指尖为宜，太长的指甲容易"藏污纳垢"，不卫生，也不安全，不小心还会折裂，给人不健康的感觉。

五、着装的礼仪

有些年轻人非常崇拜比尔·盖茨，他着装非常随意，于是也纷纷模仿，这是光环效应。在IT领域，比尔·盖茨是佼佼者，但他的着装并不可取。

俗语说："人靠衣服马靠鞍。"服装是人的"第二肌肤"与"第二张脸"，着装要做到时间、场合、目的三统一，如果在夏天穿风雪衣、穿着睡衣上大街、穿着皮鞋去打球等，这些服装未必不合适，只是没有做到时间、场合和目的的三统一。

从着装可以看出一个人的自身修养、个性特点等，掌握必要的着装技巧能使你光彩夺目。

男士在比较重要的正式场合应当穿西装，袜子跟皮鞋的最佳搭配是一个颜色，或接近的颜色。在很多国家深色西装是正装，黑色皮鞋是基本要求，中间夹双白袜子被他们称为"驴蹄子"，反差太大，除非是白皮鞋，一般不穿白色的袜子。另外，袖子上的商标一定要拆掉。买来的西装都会有一个比较醒目的商标，那是西装的封条，按照惯例买来西装之后，服务员要做的头一件事就是替你把商标拆掉，启封了，开始用了。可事实上，我们国内很多商家对此不是很了解，有人误认为袖子上有一横是名牌的标志。这是不合礼仪规范的。

穿西装要打领带，如果不打领带，衬衫最上面的扣子不要扣住。穿单排扣西装上衣，两粒纽扣的要系上面一粒，三粒纽扣要系中间一粒或上面两粒。

女士穿裙子时，裙子的下摆要遮掩住所穿丝袜的袜口。

此外，男士的腰部最好不挂任何东西，比如钥匙、手机等。

六、站有站相，坐有坐相

古人云："站如松，坐如钟，行如风，卧如弓。"意思就是站着要像松树那样挺拔，给人以正直大方之感；坐着要像大钟那样端正，给人可靠稳重之感；行走要像风那样快而有力，给人干净利落之感；躺下来也要像弯弓一样松弛有度，不能像一团烂泥。这些对于举止的基本要求，会在人们心目中形成一种心理期待，人们喜欢与彬彬有礼的人交往。

在所有的举止中，坐姿是最常见的、也是采用最多的身体姿态，下面着重谈一些坐姿礼仪。

1. 就座的顺序

跟他人一起入座时，一般等别人坐下之后再坐，特别是有位尊者在场时，一定要等位尊者入座之后再坐下，不能抢先坐下，并且一般不坐满整个座椅，落座与离座时尽量不弄出声响。

2. 上身的姿势

头部端正，挺直上身，目视交谈对象。上身不能靠在座椅的背部，以免给人傲慢之嫌，拒人于千里之外。当然，上身太前倾或者左歪右斜也不雅，可以稍稍倾向交谈对象。

3. 双手的位置

有人坐下之后，双手不知放在哪里，显得局促不安。双手一般掌心向下，放在大腿上。双手放在臀部下或夹在大腿中间，很不雅观。

4. 双腿的姿势

双腿应并拢，一条腿紧靠着另一条腿。双膝并拢，这是优雅的坐姿，既节制又端庄。双腿并拢坐在椅子上，可以保证这个人殷勤恭顺，随时准备站起来向对方致敬。双腿合拢表现出来的几乎都是拘谨、礼貌、顺从。男士可以稍稍张开，但也不要宽过双肩。女士双腿一定要并拢起来，否则，有性挑逗的嫌疑，尤其是穿短裙的时候。双腿交叉是一种无拘无束、不拘小节的姿势，带有非正式的性质。19世纪，上流社会的妇女在公众场合是不准采用这种姿势的，甚至直到今天，保守的礼仪书仍然对这种姿势颇有微词，双腿交叉坐着的人，表明他已在椅子上安营扎寨，不准备随时站起来。双腿切忌高翘二郎腿，也不能反复抖动，像被电击一样。

此外，行走的礼仪也是非常重要的。走路须抬头、挺胸、闭口、双目前视、步履稳健、精神饱满、仪态端庄，不东张西望，不吃东西，不嬉戏，不勾肩搭背。多人同行，前面和右面为尊。下车时男士先下，以便为他人服务。

七、佩饰的礼仪

佩戴精巧的饰物能彰显个人风采。佩饰是一种无声的语言，起着暗示的作用。从某个人所戴佩饰中，可以看出他的地位、身份、知识阅历、个性特点等。一个人如果把戒指戴在小指上，就会让那些想追求他的人望而却步，敬而远之，因为那是终生独身的标志，谁会去自讨没趣？所以，一定要注意佩饰礼仪，佩饰有很多种，下面主要介绍领带的礼仪常识。

领带是西装的灵魂，也是西装的眼睛，法国大作家巴尔扎克称领带为男人的"介绍信"。领带能充分揭示男人的身份、品位和个性。文雅、沉稳、温情是文明社会对男士的形象要求。领带作为男士服饰的一部分，充分体现了领带作为服装饰品的丰富内涵，为男士独特而深沉的内心世界做了最好的形象注解。西装尽管给人沉稳之感，但因为形式单一，很少变化，显得有些刻板，而精巧的领带恰恰使过于严肃的西装，显现出鲜活、灵性的一面，能够充分展示个性。

那么，应该如何选择领带呢？

首先，把领带和其余的服饰搭配在一起。做到这一点最简单的办法就是从全套服装中挑选一种颜色，用这个颜色的领带与之搭配。

第二，选择与你的个性相吻合的领带。这就是说应该避开那些俗气、土气的领带。新潮的东西很快就会过时,但你戴首条新潮领带的样子可以留在人们的记忆中。

第三,购买天然纤维制成的领带,比如丝织领带就可以毫不费力地打出最漂亮的结。棉质领带是夏天以及休闲服饰的最佳选择。只要分量轻,毛质的领带在冬天佩戴很合适。

第四,西装翻领越宽,领带也应越宽;反之亦然。

最后,请留意领带的长度是否合适。领带应该长及皮带外,领带较窄一端的尾部应该与另一端较宽的尾部持平,或比它略短。关于领带的长度并没有具体的规定(一般是52—58英寸不等),但如果你个子比较高的话,你应该在购买之前搞清所需的长度,或是随身带一条以备参考。

八、影响第一印象的因素

人的认识是从感觉开始的,我们的基本感觉有视觉、听觉、触觉、味觉、嗅觉。在第一印象的形成过程中,非言语交流先于言语交流,诸如面貌、衣着、姿势等外在的东西,最先引起感官的注意。在短短的几秒钟里,一个人不可能产生十分理性的判断,而几乎完全是感性的、根据感觉器官收集到的信息进行的判断,因此,这个判断未必准确,但它的影响却挥之不去,尽管在以后的深入交往中会逐渐了解彼此,甚至否定原先的第一印象。有些夫妻在吵架时,经常挂在嘴边的一句话是:"我当初怎么瞎了眼,没看出来你竟然是这样的人!"有的人自认为是自己的相貌不好影响了跟别人的交往,难道真的是外现在起决定的作用吗?

对于素昧平生的人,第一次接触是人际交往的起点,如何在四目相对的一瞬间增加自己的影响力?或者说究竟哪些因素在影响着你留给别人的第一印象?下面着重讨论一下影响第一印象的因素。

(一)自信的小草胜过柔弱的大树

爱美之心人皆有之,爱美是人之常情。什么样的人最美?是沉鱼落雁闭月羞花的美貌,还是温文尔雅的内秀之美?理想之美当然是内外之美的结合,但理想之美毕竟只是一种理想,正如月有阴晴圆缺,每个人都不可能尽善尽美。天生丽质固然令人向往,但后天的修养、个性等也不可或缺,换句话说,先天的容貌是不能自己做主的,但可以通过后天的努力增加自己的感染力，以内养外，达到文质彬彬，内外之美相得益彰。

在所有的个人品质中，最具感染力的部分是自信。"自信是成功的第一秘诀。"无论一个人的外表修饰多么好，都不能掩盖内在的空虚。

自信就是对自我价值的肯定，俄罗斯文学家契诃夫曾说："大狗叫，小狗也要叫。"意思是说，每个人都有自己独特的价值，不要只看到别人的价值而贬低自己。自卑的人往往拿自己的缺点跟别人的优点比，拿着放大镜看别人的优点，拿着显微镜看自己的缺点，越看越瞧不起自己。其实，当我们看到残疾人舟舟挥动手臂指挥中外大型交响乐团演奏世界名曲时，最让我们感动的是他的自信。

我们来看一个小泽征尔取胜于自信的故事。

小泽征尔是世界著名的交响乐指挥家。在一次世界优秀指挥家大赛的决赛中，他按照评委会给的乐谱指挥演奏，敏锐地发现了不和谐的声音。起初，他以为是乐队演奏出了错误，就停下来重新演奏，但还是不对。他觉得是乐谱有问题。这时，在场的作曲家和评委会的权威人士坚持说乐谱绝对没问题，是他错了。面对一大批音乐大师和权威人士，他思考再三，最后斩钉截铁地大声说："不！一定是乐谱错了！"话音刚落，评委席上的评委们立即站起来，报以热烈的掌声，祝贺他大赛夺魁。

原来，这是评委们精心设计的"圈套"，以此来检验指挥家在发现乐谱错误并遭到权威人士"否定"的情况下，能否坚持自己的正确主张。前两位参加决赛的指挥家虽然也发现了错误，但终因随声附和权威们的意见而被淘汰。小泽征尔却因充满自信而摘取了世界指挥家大赛的桂冠。

矮小者以"浓缩的都是精华""天塌下来有个高的顶着"坦然面对，眼小者以"眼小聚光"的心态自得其乐，尺有所短寸有所长，只要抱定"天生我材必有用"的信念，每个人都会拥有自己的天空。正如歌曲《小草》中所唱的："没有花香，没有树高，我是一棵无人知道的小草。从不寂寞，从不烦恼，你看我的伙伴遍及天涯海角……"的确，一棵自信的小草胜过一棵柔弱的大树。

（二）表情的影响力

在所有的表情中，人们最喜欢的肯定是笑，没有一个人喜欢愁眉苦脸的样子。没有表情的脸是非常恐怖的，只有一种表情的脸像面具一样，是没有生气的。然而有的人表情过于丰富，有的人却显得木讷。无论如何，面部表情是最能引起注意的非言语信息。面部表情是一个人最准确的、最微妙的"情绪晴雨表"。

人的面部有数十块肌肉，可以产生丰富的表情，准确传达不同的心态和情感。人的基本情绪有四种：喜、怒、哀、惧。表现喜悦的关键部位是嘴、颊、眉和额，表现愤怒的是眉、眼睛、鼻子和嘴，表现哀伤的是眉、额、眼睛和眼睑，表现恐惧的是眼睛和眼睑。有不少成语描述得更好，比如浓眉倒竖（发怒），横眉冷对（蔑视），挤眉弄眼（戏弄），低眉顺眼（顺从），扬眉吐气（畅快），眉飞色舞（兴奋）。

在人际交往的过程中，笑脸是最受欢迎的，也是最容易让人记住的表情，有些交际高手就是凭着一张笑脸，扩大自己的影响，确定自己在交际网络中的主动地位。比尔·盖茨的笑脸和蒙娜丽莎的笑脸一样是值得我们去研究的。无论是面对微软将被"一分为二"的时候，还是面对美国在线时代华纳和雅虎逼迫的时候抑或面对 Liunx 等众多新秀要重新瓜分市场的时候，比尔·盖茨都是那样一副笑脸，这是自信，是对对手施加精神压力的武器，也是微软的一块金字招牌。谁会讨厌一张笑脸呢？

（三）会说话的眼睛

"眼睛是心灵的窗户"，"眼睛像嘴一样会说话"。经常睡眼惺忪的人，会给人留下愚笨的印象，而眼睛雪亮的人，则显得聪明伶俐。的确，眼睛的直径大约为2.5厘米，但却是从石器时代以来最复杂、最精确的摄像机，在任何时间它可以同时处理150万个信息，所以，即使在一瞬即逝的眼神中也能发出千万个信息，表达丰富的情感和意向，泄露心底深处的秘密。难怪在初次见面的时候，开口说话之前，人们总是先用眼睛反复打量对方。

在公众场合，不相识的人目光偶尔接触时会立即错开，因为一个人被别人看久了，似乎觉得内心的隐秘被看穿了，从而产生一种不安全感。

从目光接触中可以看出对方的心理变化。目不转睛地注视对方谈话的人较为诚实，但并不是死死地盯着不放。心理学家肯顿曾经做过一个实验，研究一个人在谈话中视线如何移动。结果表明，在初次见面时先移开视线的人，其性格较为主动。另外，谈话中，一个人是否能站在上风，在最初的30秒即能决定。当视线接触时，先移开目光者，就是胜利者。相反，因为对方移开视线而耿耿于怀的人，就可能胡思乱想，完全受对方控制。

性格内向的人在人际交往中比较容易移开视线。美国比较心理学家理查·科斯曾做过一个实验，让患有强度"自闭症"的儿童与陌生的成年人见面，以观测他面对成年人时间的长度。结果表明，将成年人的眼睛蒙起来与不蒙的两种情况相比较，发现自闭儿童注视前者的时间是后者的三倍。双方一旦目光接触，自闭儿童会立刻移开视线。因此，性格过于内向的人，大都无法一直注视对方。不过，女性如果一直注视你太久，就意味着她可能内心隐藏着什么，可能言不由衷。

 做人感悟

<u>第一印象在沟通中占有举足轻重的地位，应该通过多种途径，给别人留下良好的第一印象。</u>

谈对方最感兴趣的事情

每一个拜访过罗斯福总统的人，都会对他那渊博的知识感到惊讶。不论是牧童还是骑士，或纽约的政客和外交家，研究罗斯福的权威作家伯莱特福这样写道，"罗斯福都知道该和他说什么话题。"

那么，罗斯福又是如何做的呢？很简单！不论罗斯福要见什么人，他总是会在对方到来的前一个晚上稍晚些睡，翻阅一些对方特别感兴趣的知识。

罗斯福和所有领袖人物一样，深知接触对方内心思想的妙方，就是和对方谈论他最感兴趣的事情。

耶鲁大学原教授菲利普先生，是一个非常和蔼的人。他在早年就学到了这个道理。"我8岁那年，有一次去姑姑家，那是一个周末，"菲利普在一篇谈论人性的小品文中这样写道，"有一个晚上，一位中年人来到姑姑家。在和姑姑随便聊了几句之后，他就把注意力转移到了我身上。当时我对船很感兴趣，而这位来访的客人和我谈论了这方面的知识，当然令我产生出特殊的兴趣。他离开之后，我还对他赞赏不已。他是纽约的一位律师，本来他对有关船的事情是不应该如此热心的，甚至是根本不会有兴趣的。"

"可是，他为什么自始至终都在与我谈论船的知识呢？"菲利普问姑姑。

姑姑说："因为他是一位高尚的人。他见你对船很感兴趣，就谈论这些你关注并感兴趣的话题。通过这种方法，他使自己成了一个受欢迎的人。"

最后，菲利普教授又补充说："我永远也忘不了我姑姑对我说的这些话。"

就在我正写作这部分章节的此时此刻，我的面前陈放着查立夫先生写来的信，他是一位对童子军事业非常热心的人。

"有一天，我感到我需要别人的帮助，"查立夫先生在信中写道，"欧洲将举办童子军夏令营活动。我想邀请美国某大公司的经理出钱，赞助我和一位童子军的旅行费用。幸运的是，在我去拜访这位经理之前，我听说他曾开出了一张100万美元的支票。要知道，这可是100万美元！于是，见到他之后，我告诉他，我这一辈子从来都没有听说有人开过数额如此巨大的支票；我还要告诉我的童子军，说我的确看到过一张100万美元的支票。结果，这位经理非常愉快地把那张支票递给我看。我一直赞叹不已，并请他把开这张支票的详细情况告诉我。"

请注意，查立夫先生在刚开始时，并没有和对方谈有关童子军或欧洲夏令营的事，也没有谈他想要对方帮忙的事。他只是谈对方感兴趣的话题，让对方愿意和他谈话。于是，出现了查立夫先生下面所说的情况：

"过了一会儿，我所拜访的那位经理问我：哦，请问你来找我有什么事？我就把我的事情告诉了他。令我吃惊的是，他不但立即答应了我的请求，还十分大方地给了我更多的资助。我本来只请他出资赞助一名童子军去欧洲的，可是他慷慨地资助了5名童子军和我本人，给我开了一张1000美元的支票，并建议我们在欧洲玩上7个星期。然后，他又给我写了一封介绍信，把我引荐给他在欧洲分公司的经理，请他到时候帮助我们。

"当我们抵达欧洲时，他又亲自去巴黎接我们，带着我们游览了这座美丽的城市。从此以后，他就对我们童子军事业非常热心，经常为家庭贫困的童子军提供工作的机会。"

查立夫先生又说："但是我也很清楚，如果我当时没有找到他感兴趣的话题，让他高兴起来，那么这件事不仅不会办得这么容易，我想大概连1

10的机会都没有。"

这种方法在商业活动中是不是也有价值呢?我们就举个例子,来看看纽约一家高级面包公司杜弗诺公司的经理杜弗诺先生是怎样做的吧:

杜弗诺先生一直想把自己的面包推销给纽约某家大饭店。连续4年,杜弗诺先生几乎每个星期都要去拜访这家饭店的经理,并且经常参加由这位经理举办的各种社交聚会。为了促成这笔生意,杜弗诺先生甚至在这家饭店租了一个房间,住在那里,希望能做成这笔业务。但是,尽管杜弗诺先生用尽了各种方法,还是没能让这位经理的大笔在合同书上签字。

"后来,"杜弗诺先生说,"我研究了有关人际交往的知识,决定改变策略。我决定要找到这个人的兴趣所在,寻找他最关心、最热衷的事业。"

"我发现他是美国饭店业协会的会员。不仅如此,由于他对这项事业抱有如此浓厚的兴趣和热情,使他被推举为这个组织的主席。每次只要开会或举行什么活动,他不管有多忙,也会毫不犹豫地赶来参加。"

"于是,当我再次去拜访他的时候,我开始和他谈论有关饭店协会的事情。你猜他怎么反应的?我得到的反应之良好,简直令人吃惊!他花了半小时和我谈论饭店业协会的事情,整个谈话过程中,他都精神饱满,充满着热情,而且声音也非常洪亮。我由此看出他感兴趣的正是饭店业协会的事情,可以说他将自己的全部精力都投入在这上面。就在我离开他的办公室之前,他劝说我加入这个协会。"

"在整个这次会谈中,我没有对他提有关面包的半个字。可是没过几天,我就接到他饭店主管人员的电话,让我把面包的货样和报价单送过去。我真不知道你对这老先生用了什么魔法,这位主管人员在电话中对我说,他可是真的被你打动了!"

"试想一下,我和这位经理打了4年交道,一心想把面包卖给他,可是一直没有成功。如果不是我设法找到了他所感兴趣的事,了解到他愿意讨论的问题,恐怕我现在还在和他死磨硬泡,却一无所获呢!"

 做人感悟

如果你想要别人喜欢你,请记住人际沟通的一个技巧:谈论对方最感兴趣的话题。

学会换位思考

所谓换位思考，是指假想自己站在对方的立场上来思考问题。要知道，无论是关系多么亲近的两个人，他们在背景、知识、兴趣和态度上都存在一定的差异，而这些往往会成为人际沟通中的隐形障碍；如果我们能够设身处地地从对方的角度考虑，那么，我们会更容易了解对方想要表达的意思。设想一下，如果你自己是那个令你不快的人，你的处境是怎么样的？你的感受是什么？你最关心的问题是什么？如果换成是你，你希望得到什么样的反馈？

世界500强企业的人力资源顾问拉斐尔在退休之后爱上了钓鱼。在他专心致志钓鱼的时候，经常有年轻的管理人员跑过来向他寻求维持好人缘的秘诀。拉斐尔先示意那些人保持安静，然后再把鱼钩抛入水中，这才对他们说："每天下午，我都会在这条河边钓鱼，这是我一天中最幸福的时光。经过多年的实践我发现，这里的鱼和我想象的并不一样。你知道，我最喜欢吃的是荔枝和皮皮虾，但是，这里的鱼儿并不喜欢荔枝和皮皮虾，它们最喜欢吃的是蚯蚓。遇到这个问题的时候，我总是想，如果我把荔枝、皮皮虾、蚯蚓一起丢到水里，然后问那些鱼儿：嗨，你们喜欢吃哪一个呢？答案是显然的。在钓鱼的时候，我们不能只考虑自己，更多地要考虑水里的鱼儿，考虑它们的需求。从鱼儿的角度考虑问题，这是我钓鱼最大的心得。如果想维持一个好人缘，我想道理也是一样的，我们必须使用同样的方法钓一个人。"

拉斐尔的"钓鱼哲学"实际上是对换位思考的通俗解释。可以这样说，如果我们想影响和说服其他人，我们必须要了解他们希望得到什么，并且告诉他们应该如何得到这些。这就是换位思考的精髓所在。如果我们希望自己的子女远离烟酒，我们并不需要告诉他们烟酒的危害有多少，也不需要吹胡子瞪眼批评他们，而只需要告诉他们，如果他们愿意抽烟的话，他们就无法参加他们梦寐以求的足球队，也就无法和他们钟爱的偶像歌手做更近距离的接触。我们并不是要给他们讲道理，而是从他们的角度来思考

第三篇 ◆ 赢得人心最重要

问题，他们最想得到什么，他们最不想失去的是什么。

在与他人进行沟通时，我们总是参照自己过去的经历和经验以及我们所持有的价值观、信仰和观点去比对他人的参照系，而两者总会存在一定的差异。例如，有人欣赏详尽的资料，而有人喜欢言简意赅；有人注重工作中的人际关系，有人注重工作中的效率；有人愿意对工作精益求精，有人愿意在截止期限之前把工作完成。不同的人有不同的标准和优先顺序，这是我们必须承认的一点。如果我们能够理解这些，我们就会在日常中更多地了解他人的参照系。一般来说，我们对他人的参照系了解的越多，我们与对方的沟通就会越顺利。对方的参照系由许多部分组成，例如，对方的知识背景怎样？对方最注重的是什么？对于他而言，效率重要还是效果重要？如果我们能够接受、认识对方的参照系，那么，我们就可以更好地了解他们所传达的信息，也可以更深入地从他们的立场思考问题，我们与他们的参照系重叠的部分会更多，我们与他们的沟通中就会产生更多的共鸣，我们的沟通效果才能达到最佳。

在西方流传已久的一个寓言说的是爱默生和小牛的故事。爱默生和他儿子希望把小牛拉进牛棚，可是，他们就犯了"以自我为中心"的错误，仅仅意识到了自己想得到什么——让小牛入棚，而忽视了小牛想得到什么、小牛的需求是什么。于是，这头小牛也耍起了自己的牛脾气，施展落地生根的祖传武功，让自己不离开那片草地半步，仿佛边疆的战士信守着一寸山河一寸土的诺言一样。在旁边洗衣的爱尔兰女用人看到了这种情形，她仿佛意识到了应该怎么做。尽管这位女佣没有读过多少书，也不懂得换位思考的理论，但是她知道这头小牛真正需要的是什么。她把她的拇指放进小牛的嘴里，让小牛吸吮着她的拇指，然后再温和地引它进入牛棚。美国斯坦福大学的哈雷·欧佛斯托教授在他的《绝对说服力》一书中指出："行动都是由人类最基本的欲望产生的。如果我们试图说服别人，我给他们的最好建议是，我们必须在他人的信念中，激发他们的某种迫切的需求。如果我们能够做到这一点，那么，你就拥有了整个世界。无论在商业社会，还是在家庭生活中，无论是在菁菁校园，还是在政治漩涡里，你都可以这样做。"

换位思考说起来容易，可是实施起来并不简单。我们每个人都有自己的角色和立场，完全抛弃这些是一项艰巨的任务。完成这项看似不可能的任务的一个建议是你必须承认，每个人看问题的角度、立场和方式都会有所不同。

举个简单的例子来说，如果你的上司把一项任务交给了你，你可能认为这项任务非常具有挑战性，可以充分展示你的才能和实力；你的同事可能会认为这项任务只是小菜一碟；而你的上司可能会认为这项任务只是你日常工作的一部分。

戴尔·卡耐基从自己的亲身经历中明白了影响他人的最终诀窍，那就是从对方的立场考虑问题，以对方的需要为突破口。在戴尔·卡耐基的名气还没有这么响亮的时候，他的两个侄子——也就是他哥哥的两个孩子正在耶鲁大学读书。也许是由于学业紧张的缘故吧，这两个侄子很少给卡耐基的嫂子写信。而卡耐基的嫂子却非常牵挂两个儿子在学校的情况。卡耐基知道了这件事情之后，他提起笔给自己的两个侄子写了一封问候信，并且在信中说，他们的家人非常挂念他们，希望他们能够抽出一定的时间问候一下家人。同时，卡耐基也告诉他们，自己已经给他们寄出了每人50美元的钞票。当然，事实上，卡耐基并没有把钞票装在信封中，而是故意这么说。他的目的也只是为了唤醒两个侄子的记忆，让他们不要把亲情抛在一边。几天之后，两个侄子很快给卡耐基回了一封信。在信中，他们非常感谢卡耐基对他们的关心，同时，他们也强调，自己并没有收到任何钞票。

卡耐基意识到，原来每个人都有不同的需求和关切点。对于他的两个侄子来说，也许这50美元的钞票比那封信更值得关注。

在考虑问题的时候，如果我们能设身处地从对方的角度和立场思考，我们会有更多惊喜的发现，这在人际沟通学上称为"试试他人的鞋子"。不论你与他人的身高体重多么接近，穿上他人的鞋子走路总会觉得不舒服；但是，如果我们能够尝试了解他人的习惯、风格和特点，我们也许会发现他人鞋子中一些值得欣赏的地方。

全球著名演讲大师安东尼·罗宾斯曾经说过："如果我们必须劝说某人，让他去做某件事情或者不去做某件事情，我们在开口之前应该先问问自己：我应该怎么说才能让他愿意做这件事情或者不愿意做这件事情？如果你对这个问题有了明确的答案，你就可以避免自己的鲁莽，也可以让自己无功而返的次数大大减少。"

在安东尼·罗宾斯开始成功学演讲和培训的时候,他租用了一家豪华宾馆的会议厅。由于当时安东尼·罗宾斯的事业刚刚起步,大概每月只有三分之一的时间使用这个会议厅开展自己的培训活动。但是,在一个新年的开始,安东尼·罗宾斯收到了该宾馆的一封信函,通知他说由于各种因素,宾馆的租赁费用必须提高。现在的价格大约是之前的3倍。安东尼·罗宾斯的第一反应是更换一家宾馆,可是,本季度的培训计划已经制订完毕,如果临时改变场地,不一定能找到合适的,那样的话,不仅会影响培训机构的生意,更会影响自己的声誉。如果不更换场所,昂贵的租金无疑是一笔沉重的负担。应该怎么做呢?

安东尼·罗宾斯认为,应该和宾馆方面进行一次商谈。可是,他也考虑到,普通的商谈都是我强调我的主张、你发表你的看法,仿佛是两个象限中的曲线,永远无法找到共同的集合。

那么,如果进行一次换位思考,从对方的立场思考一下问题呢?

两天后,安东尼·罗宾斯亲自来到这家宾馆,与负责人展开了一次对话。安东尼·罗宾斯对这位负责人说:"我已经收到了宾馆方面给我的信,尽管我觉得有些意外,但是我知道责任并不在您身上。如果换作是我,我会作出和您一样的举动。作为宾馆的负责人,您的目的是为宾馆赢得更多的利润;否则的话就不是一位称职的经理了。现在,我们不妨讨论一下我们共同面临的问题。如果您不反对,希望您给我一张白纸,然后由我把您所有的利害得失写出来,您看怎么样?"

那位负责人很感激安东尼·罗宾斯能够从自己的立场考虑问题,他点点头表示同意。安东尼·罗宾斯取出一张白纸,在中间画了一条竖线,在左侧写上"利",而在右侧写上"弊"。安东尼·罗宾斯对那位负责人说:"我们不妨先看看弊端。如果您的会议厅空闲下来,您可以把它当成一个舞场,供人们聚会和舞会使用,这也是一笔不小的收入。对比一下就可以看出来。在每个月,我仅仅使用三分之一左右的时间。很显然,把它作为舞场的话,您的收入会更高。"接着,安东尼·罗宾斯说:"我们再来看看另外一个方面。如果我无法接受您的要求,我不得不寻找另外一家宾馆。通过我们长期的合作您可能已经知道了,参加我的培训活动的都是一些有层次、有地位的人。这些人不仅会把我的演讲传递给其他人，而且会把他们参加培训的场地——也就是贵宾馆一同传递给其他人。我相信您会明白这对宾馆来说意味着什么。事实上，任凭您拿出再多的钱，也难以让这么多高层次的人为您做免费的宣传和推广。我相信，这就是培训对于宾馆的价值。不知道您的看法是怎样的。"

最后，安东尼·罗宾斯把利和弊两个方面都写下来，交给那位负责人，并对他说："无论是利是弊，我都写在了纸上。我希望您能够慎重考虑。当然，最后的决定权在您。我只是希望您在作出最后决定的时候能够及时通知我。"

那家宾馆的通知非常及时。就在第二天，安东尼·罗宾斯收到了宾馆的来信，通知他租金将增长50%，而不是原来的300%，希望他能够接受这样的结果。

我们可以看出，在整个沟通过程中，安东尼·罗宾斯并没有提到过任何有关租金的问题，而是把全部的精力都集中在对方身上——对方可以获得哪些利益、又会失去什么。

退一步说，如果安东尼·罗宾斯不是采取上述"换位思考"策略，而是鲁莽地冲进那位负责人的办公室，怒气冲冲地对他说："什么？加租？我的计划已经定下来了，你现在要加。你究竟在搞什么？想让我多出钱，没门！"最终谁会"没门"，相信结果不难猜测。

做人感悟

学会换位思考，会给你带来意想不到的好处。

商业谈判中更需要换位思考

在商业谈判的过程中，当有矛盾发生时，试着先将自己的想法放下，设身处地地站在对方的立场上，仔细地为别人想一想，你将会发现许多事情的沟通并非如想象的那样难。没有人会拒绝善意的提醒，对方一旦按照你的思路考虑问题，则成功可期。

美国著名成功学励志大师戴尔·卡耐基几乎每季度都要在纽约的某家大旅馆租用大礼堂20个晚上，用来为学员讲授社交训练课程。

有一次，他刚开始授课时，忽然接到通知，房主要他付出比原来多3倍的租金。而在这个消息到来以前，入场券已经印好，而且早已发出去了，其他准备开课的事宜也都已办妥。

很自然，他要去交涉。怎样才能交涉成功呢？两天以后，他去找经理，说：

我接到你们的通知时，有点震惊。不过，这不怪你。假如我处在你的位置，或许也会写出同样的通知。你是这家旅馆的经理，你的责任是让旅馆尽可能地多盈利。你不这么做的话，你的经理职位难以保住。假如你坚持要增加租金，那么让我们来合计一下，这样对你有利还是不利。

先讲对你有利的一面。大礼堂不出租给讲课的而是出租给举办舞会、晚会的，那你可以获大利了。因为举行这一类活动的时间不长，他们能一次付出很高的租金，比我的租金当然要多得多。租给我，显然你吃大亏了。

现在来考虑一下对你不利的一面。首先，你增加了我的租金，却是降低了你的收入。因为实际上你等于把我撵跑了。由于我付不起你所要的租金，我势必再找别的地方举办训练班。

还有一件对你不利的事实。这个训练班将吸引成千的有文化、受过教育的中上层管理人员到你的旅馆来听课，对你来说，这难道不是起了不花钱的活广告作用了吗？事实上，假如你花5000元钱在报纸上登广告，你也不可能邀请这么多人亲自到你的旅馆来参观，可我的训练班给你邀请来了。这难道不合算吗？

讲完后，卡耐基告辞了，并说："请仔细考虑后再答复我。"最后经理让步了。

在卡耐基谈判成功的过程中，没有说一句他要怎样的话，他是站在对方的角度想问题的。可以设想，卡耐基气势汹汹地跑进经理办公室，提高嗓门儿叫道："这是什么意思！你知道我把入场券印好了，而且都已发出，开课的准备也已全部就绪了，你却要增加300%的租金，这不是存心坑人吗？1300%！好大的口气！你简直是狮子大开口！我才不付哩！"然后抖抖衣襟，很解气地扬长而去。

想想看，如果卡耐基这样做，那该又是怎样的局面呢？大争大吵必然坏事，你也会知道争吵的必然结果：即使他能够辩得过对方，旅馆经理的自尊心也很难使他认错进而收回成命。卡耐基成功说服旅馆经理的过程，就是站在对方的角度为他分析利害得失的过程，结果使对方心平气和地接受了他的建议。

做人感悟

<u>站在对方的立场上，设身处地地想一想，你就会发现：沟通其实并没有那么难。</u>

为上宽容暖人心

上司的宽容是一支歌。

这样的事例，在现实生活中可以说是俯拾即是，这里略举一二。

寺庙里德高望重的长老，在寺庙的高墙下发现了一把座椅，他知道：有人借此越墙翻到寺外。长老把椅子搬走，然后继续观察动静。午夜时分，外出的小和尚爬上墙头，然后跳到"椅子"上，他感到"椅子不似先前硬，软软的甚至有点弹性"。落地后，和尚知道"椅子"已经变成长老，于是便仓皇而去，好长一段时间都在诚惶诚恐地等待长老的处置。然而，长老没有这样做，根本就不提这件"天知地知你知我知"的事情。

小和尚从长老的宽容中得到启发，以后再不去翻墙寻事，而是安心于位，心领神会地通过刻苦修炼，成了寺庙的佼佼者，若干年后，就成了这寺庙的长老。

又如，老师发现学生在上课时经常低头作画，而且画的正是"龇牙咧嘴"的自己。但老师没有"发火"，而是憨厚笑着，提醒学生"课后再加工画得更加神似一些"。自此之后，那位学生在上课的时候再不画画，而是认真听课，再以后，就是各门功课都觉得不错，长大以后就成了颇有造诣的漫画家。

发现下属有错，没有"发火"指责，而是美言引导，借机体现其对于下属的理解、关怀和爱护，使其从上司的言行得到启发、醒悟，而自行克服缺点，改正错误，以自己的"宽容"换取下属的觉醒和进步。

被誉为"经营之神"的日本松下公司创始人松下幸之助，是世界上数一数二的大师级管理人物，赢得了多方面的赞誉和嘉奖。日本早稻田大学等机构分别授予他名誉博士学位。

日本天皇先后为他颁发过若干奖章，如"一等瑞宝勋章""二等旭日重光勋章""一等旭日大绶勋章""绀绶勋章"等。日本人称他为"财界元老"和"日本电子之父"。具有世界影响力的美国《生活》杂志，称他为"最高产业者""最高改革者""民族思想家"和"最畅销书的作者"。苏联第一副主席米高扬认为：松下幸之助是他最为佩服的日本人。比利时国王授予他"王冠勋章"，荷兰女王授予他"经济合作友好功绩奖"等。

松下幸之助经营技巧高超，管理方法先进，就是对于下属的批评教育，手法也很巧妙。

原三洋电机公司副董事长后藤清一原投奔松下公司后提任厂长，这个工厂突然失火烧掉了。后藤清内心十分难过和恐慌。心想：这次大火烧了工厂，作为厂长的他责任难免，"不被革职也要降级"了。不料，松下接到报告之后，只对他说了四个字"好好干吧"！

松下为什么这样做呢？人们都很不理解。过去即使只是打电话的方式不当，后藤清也会受到松下严厉的斥责。这种作风就是松下管人的秘诀。可这次却对犯了大错误的后藤清无所谓似的。其实，松下这么做，并不是姑息部下的过错，而是因为他了解掌握了员工的心理特征：在犯小错误时，本人多半并不在意，因此，需要严加斥责，以引起他的注意。相反，犯下大错误之后，就连傻子也知道自省，因此，就不必给严厉的批评了。果然，这次工厂被烧，后藤清一原没有受到惩罚，心中自然心怀愧疚，对松下更加忠心效命，并以加倍的努力工作来给予回报。

松下幸之助的理解、宽容，使后藤清如临一股清流，一缕春风，不但不使下属因此一蹶不振，反而变成强大动力，催人奋进，再立新功。这实际上就是如何理顺人与人、上司与下属之间的关系的问题。"得众在于下人"，这是"为上"者千万不能忘记的。

> 得人心者得天下。

朋友相处宽以待人

交友，要严于律己，宽以待人。严于律己，就是要严格约束自己，做事尽量减少差错；宽以待人，便是对人要宽厚容让、和气大度。

苏东坡年轻的时候有一个朋友叫章敦，后来做上了宰相，执掌大权。他把持政局时，把苏东坡发配岭南，又贬至海南。

后来，苏东坡遇赦北归，章敦正垮台被放逐到岭南的雷州半岛。苏东坡听到这个消息，给章敦写了封信，说："听到这个消息，我很惊叹，这么大年纪还得浪迹天涯，心情可想而知，好在雷州一带虽偏远，但无瘴气。"

并安慰章敦的老母亲，同时对章敦说过去的事就别提了，多想想将来。苏东坡如此大度，章敦自是羞愧不已，一家人都对苏东坡心存感激。

汤姆由于好友彼得在自己公司的电脑上做了手脚，使他损失了几十万美元，尽管汤姆把彼得关进了牢房，但他还觉得不够，几年过去了，他心中一直愤愤不平。当彼得被保释出来之后，他觉得对不起汤姆，几次打电话向汤姆道歉，一听是彼得的声音，汤姆不容分说立刻将电话挂断。

汤姆的妻子知道后，多次劝他应该宽宏大量，摒弃前嫌，更何况彼得是个电脑专家，对他的生意很有帮助。

汤姆经过深思，觉得妻子说得很有道理，但是每次拿起电话来，无话可说，大脑中一直浮现着那几十万美元，于是又放下电话长叹一口气。

两个多月过去了，汤姆总是处于这种矛盾中，既觉得应该原谅彼得，又感到不能。这时他去看了一位心理医生，"你形成了一种心理障碍，这种障碍不仅会妨碍你与彼得的关系，也会妨碍与他人的交往，必须积极地清除它。"医生说。回到家后，汤姆终于鼓起勇气，给彼得打了一个电话，告诉彼得明天可以到办公室见他。

第二天，他们见面后，谈得很顺利，汤姆还决定再次聘用彼得到公

工作,他对彼得说:"我相信你不会再辜负我。"从此彼得全力与汤姆合作,在彼得的帮助下,汤姆取得了许多成就。

友谊的存在对于朋友双方都是有益无害的,"破镜重圆"的友谊通过间接的修补只会比当初更加灿烂。所以,你要学会宽待朋友,不要让暂时的不快影响了本该持续一生的友谊。

 **做人感悟**

一个人不仅要让自己的胸怀宽广、度量宽大,更要注意朋友的自尊。损失了金钱,还可以再赚回来,一旦自尊心受到伤害,就不是那么容易弥补的,甚至可能为自己树立一个敌人。

沟通
——你是最受欢迎的人

第四篇

把话说得恰到好处

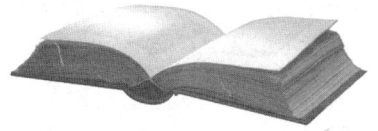

注意语言沟通的对象

我们过去经常以"对牛弹琴"这个成语来挖苦对方是"牛",但从另一个角度来看,这其中当然也有"弹琴人"的不对,岂不知再美妙的音乐对于牛而言也不如一把嫩草更有意义,这是弹琴人没有找准合适的欣赏对象而造成的后果。

我国古代对生男生女有一种习惯的称法,生男为"弄璋",生女为"弄瓦",这实际上是利用语言表达中的借代手法。"弄璋"最早见于《诗·小雅·斯干》:"乃生男子,载寝之床,载衣之裳,载弄之璋。"(意思是生下一个小儿郎,给他睡的是炕床,给他穿的是衣裳,给他玩的是玉璋。)后来,人们将这句诗中的"载弄之璋"简缩为"弄璋","璋"即圭璋、宝玉,借代男孩。"弄瓦"最早也可见于该书:"乃生女子,载寝之地,载衣之裼,载弄之瓦。"(意思是生下来一个女孩,给她睡的是地下,给她穿的是破衣裳,给她玩的是纺线瓦。)"瓦"是古代陶制的纺线锤。后来,人们也将"载弄之瓦"简缩为"弄瓦",借代女孩。听说后来有人根据"弄瓦""弄璋"编了一个小故事:

一位爱用典故的张瓦先生,写信回家问不识字的妻子生下的孩子是男孩还是女孩,信中用"不知弄璋乎?弄瓦呼?"来问妻子,可妻子不知道"弄璋""弄瓦"是指男孩、女孩。她认为"弄璋"是"弄璋壶","弄瓦"是"弄瓦壶",于是请人给丈夫回信说:"家中茶壶、酒壶、尿壶都不缺,璋壶、瓦壶就不要再弄了。"这当然是个笑话,同时也指明了张瓦说话不看对象的后果。语言沟通总是要有特定对象的。语言沟通效果如何,不仅受社会环境、时空场合的影响,同时还受到沟通对象的制约。同社会环境、时空场合一样,沟通对象也是语言沟通的客观因素。

俗话说,隔行如隔山。不同职业的人之间,可能形成一定程度的隔膜。因此,和不同职业的人进行语言沟通,人们就要根据具体情况恰当地展开话题,只有这样才能达到沟通目的。李彦杰曾经到一家大医院演讲,上台一看,台下相当多的人在翻看医科书或其他读物。他没有慌乱或者表现出不满,而是高声朗诵了一首诗:每当我忆起那病中的时光,白衣战士就引起我深情的遐想。他们那人格的诗,心灵的美,还有那圣洁的光,给我以顽强生活的信心，增添着我前进的力量……因为演讲听众都是医生，是一些知识分子，他们所关系的是医疗技术，开会不免要带一些业务书籍之类。但李彦杰很会根据不同对象即景生情，根据听众的职业情况调整语言手段，给这些医生们诵读了赞美诗，一下子打动了听众的心，从而使他的演讲得以顺利进行，达到了想要达到的沟通目的。

沟通对象的文化程度对语言沟通效果有很大影响。文化程度不同，人们对语言的识别能力和理解水平就会不一样。因此，针对人们的文化程度的不同，语言沟通的内容和方式也要有所不同。沟通者应注意把握适当的深度，使对方能够理解，否则就会事与愿违。每每提到这一点，过去的迂腐秀才便常常是这方面的反例。据说一个秀才在睡梦中，脚被蝎子蜇着，剧烈疼痛，急忙喊醒老伴儿，说："吾之贤妻，速燃烛台！视汝夫吾其为毒虫所噬乎？"他老伴儿冲他直翻白眼，听不懂他在说什么。秀才疼痛难忍，大叫道："老婆子，快点灯！看看我是不是被蝎子蜇着了！"他老伴儿马上明白了他的话。这个故事说明，人们只有针对接受对象的文化水平，选择能让对方接受的语言表达形式，才能取得满意的沟通效果。

沟通对象的心理状况同样也会影响语言沟通的效果。19世纪，维也纳上层社会的妇女们时兴戴一种筒高、檐宽的帽子，而且在帽檐上装饰着五颜六色的羽翎。女士们一进入剧场，观众就只能看到她们戴的帽子，而看不见戏台。剧场经理在无可奈何的情况下，只好一再请求女士们脱下帽子，可谁也不予理睬。这时，经理灵机一动，根据女士们爱美、爱年轻的心理状况和特点说："年纪老一点的女士们可以照顾不脱帽。"话一出口，女士们纷纷脱下帽子，因为她们面临美女与老妇的选择，维也纳的上层妇女，谁也不愿意把自己当成老妇。其实她们戴那种筒高、檐宽的帽子，也正是追求美、追求年轻的一种表现。

人的性格也是构成沟通对象的因素之一。作为个人对现实稳定的态度和习惯化的心理特征、行为方式，性格对语言沟通的制约作用是很大的。如性格内向、老成持重的人，喜欢真诚质朴、亲切大方，与他们交谈不应该轻率急慢、模棱两可，而自信、秉性耿直的人则喜欢活泼明快，说话直来直去。与性格多疑敏感、心胸狭窄的人谈话，要精细稳重、字斟句酌，不宜信口开河、直来直去。如果说性格开朗、粗犷豪放的人喜欢热情爽快、豁达大度，那么他们与性格温文尔雅、有学识才华的人交谈则不妨畅所欲言，旁征博引，含蓄诙谐，但千万不要巧言令色，卖弄知识。

沟通对象的年龄也是语言沟通中不可忽视的重要因素。鲁迅先生说过一个笑话：一天，一个十一二岁的小孩在家，父母都出去了。这时有位陌生人来访。客人一进门就问小孩："令尊令堂在家吗？"孩子听不懂"令尊令堂"的意思，瞪着眼睛呆想了半天，才说："我吃过许多糖，可没吃过令堂（糖）。"这个笑话是讥笑那个客人说话不看对象，没有考虑到小孩的接受能力和理解能力。我们在与不同年龄的人交谈时，实际上不论在内容上还是在形式上都要注意区别对待。比如说，与老年人、孩子交谈和与青少年交谈之间就有很多不同。

一般人是很难跟比自己年长30岁以上的人谈得来的。30年是一段很长的时间间隔，生活方式、兴趣爱好、教育程度、生活理念等都发生了很大变化。各个方面距离那么远的人，实在很难有共同的话题。在这种情况下，同情和理解可以产生良好的融洽作用。老人多半喜欢追忆往事，如果我们能引起他谈谈自己的过去，这不但对他是一件很快乐的事情，对我们了解过去其实也是一个很好的机会。能够听到一个人亲口告诉我们30年前或更长时间的事情，也是十分珍贵的。而且经过时间的洗礼和岁月的流逝，那些仍然深刻地留在老人们心中的，多半是一些印象深刻而又有一定意义的故事。

做人感悟

和不同年龄段的人去交谈，要注意用不同的技巧和方法，即便是同一年龄段的人也会因人而异，这需要我们在平时生活中注意去发现、去总结、去实践，以便灵活应对。

注意语言沟通的双方关系

在语言沟通中，采用什么方式以及选择哪些词语等进行沟通，跟沟通的具体时空场合有关，更和具体时空场合中交际双方的特定关系密切相关。这是因为人与人之间可能存在多种关系，如既是父子关系又是上下级关系，既是同事关系又是朋友关系等。那么在不同的具体场合，其中的某一关系必然凸显出来，而我们的沟通内容和方式就要以适合这一关系为准则。如果不考虑特定场合中的特定关系并根据这一关系采用适当的沟通方式，我们就可能在交际中碰钉子。

阿尔倍托和维多利亚女王夫妻感情融洽，但是也有不愉快的时候，这大多在于妻子是女王的缘故。

有一天晚上，皇宫举行盛大的宴会，女王忙于接见贵族王公，却把自己的丈夫冷落在一边。阿尔倍托很生气，就悄悄地回到了卧室。不久，有人敲门，房间里的人很冷漠地问："谁！"

敲门的人昂然答道："我是女王。"门没有开，房间里没有一点儿动静。敲门人悻悻地离开了，但她走了一半，又回过头来，再去敲门。

房内又问："谁？"

敲门的人和气地说："维多利亚。"

可是门还是紧闭。她气急了，想不到以英国女王的身份，竟然还敲不开一扇房门。她带着愤愤的心情走开了，可是走了一半，想想还是应该回去，于是又重新敲门。里面仍然冷漠地问："谁？"

敲门的人委屈而又温和地说："你的妻子。"

这一次，门开了。

这个故事说明，在特定场合，交际双方的特定关系对语言沟通的方式方法以及成功与否至关重要。在语言沟通中，人们不仅要注意沟通对象的身份、性格、年龄、职业、情绪等，还要特别注意沟通对象与自己的关系，只有准确把握特定场合中两者的特定关系，选择适合这一关系的沟通方式才能获得良好的沟通效果。

三国时期恃才傲物死于曹操之手的杨修，就是没有把握好自己与曹操的特定关系，屡犯曹操之忌而最终招来杀身之祸的。有一次，曹操派人建造了一个花园，完工后去检查时没有直接评价，只是在门上题（写）了一个"活"字。众人不解其意，只有杨修说："门内添'活'字，乃'阔'字也。丞相嫌园门阔耳。"后来重修停当，曹操大喜。但是当得知是杨修解其意时，疑心甚重的曹操便心有不悦，并对其有了戒心。而随后，杨修又以"一人一口酥"之解，分食了塞北送与曹操的"一盒酥"。曹操很是不满，杨修却没有及时了解曹操的心理，没有认识到自己与曹操的关系在曹操心中已经发生了恶变，在被曹操问及此事时，他仍满不在乎地说："盒上明明写着一人一口酥，岂敢违丞相之命乎？"后来，曹操故意以"梦中杀人"为借口遮掩自己害怕被暗杀的心理时，杨修又说道："丞相非在梦中，君乃在梦中耳。"

这一次次的口出无忌，使他与曹操的关系在曹操心中一步步走向对立，从不悦到不满再到不可容忍，因此当杨修再次以"鸡肋"来"动摇军心"时，曹操便毫不犹豫地杀了他。或许杨修的本义只是显示自己的聪慧和才华，并无恶意，但是他没能认识到自己的对象是什么样的一个人以及自己与对方的关系是怎样的，极度虚伪、喜欢猜疑而嫉妒的曹操怎会容得下这样一个明了自己心思的人在自己的身边？因此，杨修被曹操杀害的惨剧是最终注定的。相反，如果注意到对方的身份、性格、地位等特点，考虑到沟通双方的特定关系，再假以巧妙的措辞，相信人们（沟通者）自然会收到好的沟通效果。

毛新宇在一次接受记者采访时被问道："在评价毛泽东时，有人说三七开，有人说二八开或者四六开，你认为如何评价比较合适？"毛新宇回答说："作为毛泽东的孙子，我认为爷爷一生为国为民，二八开比较合适；但是作为历史系的学生，我同意大部分人的评价，三七开。"这应该说是很巧妙的一番回答。毛新宇与记者之间是采访对象与采访者之间的关系，他的回答还需要涉及自己与毛泽东的祖孙关系，领袖人物与普通人物的关系，历史人物与历史系学生的关系。

毛新宇所选择的句式、结构，在分句中称谓的变化，都是在准确把握采访双方的特定关系以及所谈对象与自己的复杂关系的基础上，而做出的既合情理又很得体的回答。

 做人感悟

不注意沟通时的双方关系，在交际中就有可能碰钉子。

注意语言用字的魔力

语言中的字眼是有魔力的。当我们说话时若是用对了字眼就能叫人高兴、治疗人的心病、带给人希望，然而若是用错了字就会使人哭泣、刺伤人的心、带给人失望。同样，在沟通时借用所用的字可以让别人了解我们崇高的心志和由衷的愿望。

马克·吐温曾说过："恰当地用字极具威力，每当我们用对了字……我们的精神和肉体都会有很大的转变，就在电光石火之间。"历史上许多伟大人物就是因为善于运用字的力量，大大地激励了当时的人们。的确，用对了字不仅能打动人心，同时更能带出行动，而行动的结果更展现出另一种人生。当美国的帕特里克·亨利站在十三个州代表之前情绪激昂地说道："我不知道其他人要怎么做，但就我而言，不自由毋宁死。"这句话激发了所有美国人的决心，誓要推翻长久以来骑在他们头上的苛政，最终建立起了美利坚合众国。

许多人都能意识到那些伟人所拥有的语言力量能够在我们的身上找到，这能改变我们的情绪、振奋意志乃至于有胆量敢于面对一切的挑战，使人生过得丰富多彩。

生活中选择使用积极性的字，最能振奋情绪；反之，若是选择了消极的字眼，会破坏原来的好心情。遗憾的是我们经常不留意所用的字，以致错失垂手可得的大好机会。

因此我们务必要重视用字的重要性，注意语言用字的魔力。这做起来并不难，只要你能用心地选择就行了。

我们在跟别人交流说话时常常十分谨慎，然而却不留意自己习惯用的字，殊不知我们所用的字眼会深深影响他人的情绪，也会影响我们自己的感受。因此，不能好好掌握怎样用字，随着以往的习惯继续不加选择地用字，很可能会扭曲真实的意图。譬如说，当你要形容一个很了不起的成就时，用的字是"不错的"，那么你的情绪就很难造成兴奋的感觉。这就是因为你用了具有局限性的字所致。一个人若是只拥有有限的词汇，那么他就只能体验有限的情绪；反之，若是他拥有丰富的词汇，那么他就好像手中握着一个可以调出多种颜色的调色盘，可以尽情来挥洒人生。

在美国一家全国性的卡车服务公司里，他们只不过改了一个字就大大地提升了他们的工作品质。这家公司的管理阶层发现他们所送的货物中有万分之六会送错地方，这使得公司每年要额外赔上25万美元。为此，公司特别聘请了戴明博士去为他们诊疗一番。根据戴明博士的观察，发现这些送错的案子中有五六成是因为该公司的司机看错了送货的契约所导致的。为了能一劳永逸地消除这样的错误，使该公司能提高服务品质，戴明博士建议最好把这些工人或司机的头衔改称为技术员。

一开始，公司觉得戴明博士的建议让人费解，人还是那些人，难道把职位头衔改一改就能把问题解决了吗？可是没有多久绩效就出现了，当那

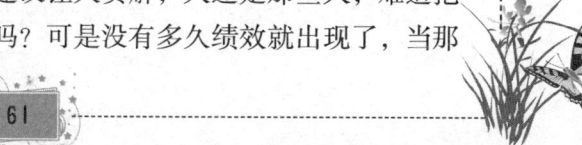

些司机的头衔改为技术员后不到一个月,之前万分之六的送错率一下子便下降到了万分之一以下,也就是说从此这家公司一年便可以节省25万美元。

做人感悟

语言中字眼的魔力是不可磨灭的。在沟通中,好的字眼不管是用在个人身上或企业整体上都会产生良好的效果。

说话要说到点子上

词语是人说话的基本元素。现实生活中,人无时无刻不在用词造句,用以相互沟通和交流,表达自己的想法和意愿。一个人若是只拥有有限的词汇,那么就只能体验有限的情绪。反之,一个人的词汇量丰富且善于运用,说话就更加准确和顺畅。如果把一个人所拥有的丰富词汇比作画家手里的调色盘,那么,只要善于运用这个可以调出多种颜色的调色盘,就能够尽情地挥洒出光彩的人生。

从心理学的角度看,每个人都有最为隐秘的情感。孟子说:"恻隐之心,人皆有之。"在人际交往中善于表达,会说话,用对了词句就能打动人心,使原本感觉难以做成的事情突然间柳暗花明。这时更能激励出自己的行动,而行动的结果往往使人展现出另一种人生。

马克·吐温说:"恰当地用字极具威力:每当我们用对了字眼……我们的精神和肉体都会有很大的转变,就在电光石火之间。"历史上许多伟大人物就是因为善于运用字眼的力量,大大地激励了当时的人们。当年,帕特里克·亨利站在北美十三州代表的面前慷慨激昂地说:"我不知道其他的人要怎么做,但就我而言,不自由,毋宁死。"这句话激发了几代美国人的决心,他们发誓要推翻长久以来骑在他们头上的殖民主,结果造成燎原之火,美利坚合众国于此诞生。

戴尔·卡耐基演讲道:"当我们今天得以享受到充分的自由时,不要忘了《独立宣言》。虽然那没有几句话,却是二百多年来所给予我们每个人的保障。同样地,当我们这些年致力于种族平等时,不要忘了那也是因为某些字眼的组合而激发出来的行动所致,请问谁能忘记美国著名黑人民权领袖马丁·路德·金打动人心的那一次演讲。他说道：'我有一个梦，期望有一天这个国家能真的站立起来。信守它立国原则和精神………'"

第二次世界大战期间，英国正处于风雨飘摇之际，英国首相丘吉尔用自己的话语激起了全民抵抗纳粹的决心，结果他们以无比的勇气挺过了最艰苦的时刻，打破了希特勒部队所向无敌的神话。

无论是正式谈判还是非正式聚会，会说话可以化解复杂的问题，拉近人们之间的距离，增强彼此的信任。2004年11月21日，亚太经合组织领袖非正式峰会午餐会上，当美国总统布什向与会领袖讲到美国的贸易赤字问题，希望各国多买美国产品时，中国领导人马上接过话头表示，"大家关心的不是你的贸易赤字问题，因为你的肩膀硬，可以扛得住，大家关心的是美元汇率持续下滑问题。"此后话锋一转，平静地说："你竞选连任成功，气色很好，精神饱满，相信你一定会采取措施阻止美元下滑。"这番话引来各国领袖的笑声，轻轻松松处理了复杂的问题。

求人办事，话说得巧妙、说得得体往往会取得预期的效果。当年，宋太祖赵匡胤从一个放牛娃开始，拉起自己的人马，多年征战最终夺得江山，坐上了北宋皇帝的宝座。

宋太祖孩提时的一个伙伴就前来投靠他。这个人善于察言观色，在众人面前巧妙地提及了宋太祖儿时与他的往事。宋太祖心知肚明，感念他们儿时的旧情，也不愿意让人觉得他飞黄腾达忘恩负义，于是对这个人封官加爵，一番赏赐。这件事传到了乡里，又有一个人同样想得宋太祖的恩惠。这个人在当着宋太祖及其随从的面，把他和宋太祖小时候偷鸡摸狗的事情抖搂了出来，令宋太祖脸面无光，十分尴尬，于是否认与来人相识，随即传令将此人轰赶出去。

人际交往中，说话得体的人往往被人评价高，说话不善于遣词造句的人常常无意中引起别人的不悦，甚至使别人产生误解，在工作和办事中因此也难免会带来一些障碍，于是总感觉自己办事没有别人那样顺利，原因就在这里。

 **做人感悟**

会说话，是一种能力，并不是一种本能。它不是天生具备的，而是需要我们后天学习和培养的。拥有了会说话的本事就等于拥有了良好的沟通能力，会使自己更具有影响力，把自己的理念更加顺利地传

递给他人，还能够化解事业和生活上所遇到的各种矛盾和问题，从而让自己的人生变得更美好！

话要说到别人的心坎上

许多人在谈及对待某一件事的态度时常常会说"将心比心"，在心理学上，也就是说，人都是可以被感动的，如果把话说到人的心坎上，触及人的心灵和情感，就会使人改变原来的态度和做法。

在人际交往中，说话触及人的心灵深处可以令一个人改弦易辙，作出完全相反的重大决定。

1815年6月18日，拿破仑兵败滑铁卢。此后，反法联军对法国临时政府发出了最后通牒："停止抵抗，拿破仑离开法国，否则将血洗巴黎。"法国临时政府同意了这一要求。但一代枭雄拿破仑却决心孤注一掷，再次与反法联军决一死战。

巴黎处在危急之中，有人突然想起了拿破仑的初恋情人欧仁尼·克莱雷，认为让她出面说服拿破仑也许能挽救危机。当年由于政治的需要，拿破仑放弃了纯真的爱情，与有着政治背景的约瑟芬结为夫妻，曾使年轻的欧仁尼痛不欲生。正当她欲跳进塞纳河自尽之时，被拿破仑手下的大元帅贝纳多救了她，并与她结了婚。但实际上，拿破仑对她一直怀有深深的爱恋之情。

斗转星移，世事沧桑。当欧仁尼出现在拿破仑面前时，今非昔比的感慨深深刺痛了拿破仑高傲自负的心。欧仁尼没有用激烈的言词刺激拿破仑，而是与他一起回忆当年充满温情的甜蜜岁月，使拿破仑泯灭的热爱和平的愿望重新出现了，他的不切实际的狂热妄想在欧仁尼的宽容大度面前彻底地冷却下来，他随即拔出了在滑铁卢战役中使用的战剑，交给欧仁尼·克莱雷，表示投降了。欧仁尼以其口才和感召力改写了近代欧洲的历史。

叱咤风云的拿破仑都会被说在心坎上的话摧垮，更何况其他人了。

在人际交往中，人们难免会遇到难办的事，这时候，一般人都喜欢去讲情。那么，怎样讲情才会取得更好的效果呢？那就是把话说到对方的心里，触发对方的恻隐之心。

在美国经济大萧条时期，有一位17岁的姑娘好不容易才找到一份在高级珠宝店当售货员的工作。在圣诞节的前一天，店里来了一位30岁左右的顾客，他衣衫褴褛，满脸愁容，用不可企及的目光盯着那些高级首饰。

姑娘要去接电话，一不小心，把一个碟子碰翻了，6枚精美绝伦的金钻戒指落到地上，她慌忙捡起其中的5枚，但另一枚怎么也找不着。这时，她看到那个男子正向门口走去，顿时，她醒悟到了戒指在哪儿。当男子的手将要触及门柄时，姑娘柔声叫道："对不起，先生！"

那男子转过身来，两人相视无言。

"什么事？"他问，脸上的肌肉在抽搐。

"什么事？"他再次问道。

"先生，这是我头回工作，现在找个事儿做很难，是不是？"姑娘神色黯然地说。

男子长久地审视着她，终于有一丝柔和的微笑浮现在脸上。

"是的，的确如此，"他回答，"但是我能肯定，你在这里会干得不错。"停了一下，他向前一步，把手伸给她："我可以为您祝福吗？"

他转过身，慢慢地走向门口。

姑娘目送着他的身影消失在门外，转身走向柜台，把手中握着的那枚钻戒放回了原处。

这位姑娘成功地要回男青年拾去的钻戒，关键是她在尊重谅解对方的前提下，以"同是天涯沦落人"凄苦的语言博得对方的同情。"这是我头回工作，现在找个事儿做很难。"这句真诚朴实的表白，却饱含着惧怕失去工作的痛苦之情，也饱含着恳请对方怜悯的求助之意，终于感动了对方。对方也巧妙地交还了钻戒。

做人感悟

一句巧言妙语可能会产生巨大的力量，在人的心里激起波澜。求人办事要用真情打动别人的心弦，让对方心甘情愿地服从你的意志和意愿。

话要说得尽量委婉一点

从心理学的角度来说，人都有希望被尊重的心理，有期望受到别人重视的情结。如果一个人感觉受人敬重，那么就乐于助人；如果感觉被对方轻视，心理上自然就不愿意与之合作。所以为人处世、求人办事需要讲究说话的艺术，在语言表达上尽量委婉一些，让对方感觉到受到尊重，这样才能给人留了一个好印象，在社交中树立起谦逊成熟的形象，有利于彼此的交流和达成目的。

在商业经营方面，含蓄、婉转的词语也可以体现出业者的独到之处。有一家新开的理发店，门前贴着一副对联："磨刀以待，问天下头颅几许；及锋而试，看老夫手段如何！"这看似气势恢弘的对联，内容上却是磨刀霍霍、令人胆寒，结果吓跑了不少顾客，这家理发店也自然是门可罗雀。另一家理发店的对联写道："相逢尽是弹冠客，此去应无搔首人。"上联取"弹冠相庆"之典故，含有准备做官之意，符合理发人进门脱帽弹冠之情形；下联意即人人中意、心情舒畅。此联语意婉转，结果生意兴隆。

书面语言的委婉含蓄有其长处，口头语言也是这样。英国思想家培根曾说过："交谈时的含蓄和得体，比口若悬河更可贵。"在言谈中，擅长说话的人总能自如地运用多种表达方式，并不断探索各种语言风格。虽然直言不讳不是什么过错，但生活中并非处处都能"直"。该"直"的地方可以"直"。该婉转的地方就应该含蓄而委婉，使表达效果更佳。

"球王"贝利在绿茵场上的超凡技艺不仅令万千观众心醉，而且常使场上对手叫绝。尽管他不知踢过多少好球，但当他创造进球数满一千纪录后，有人问他："您哪个球踢得最好！"贝利笑笑回答："下一个。"无独有偶，巴黎的大铁塔可谓举世闻名，而它的设计者艾菲尔却一度鲜为人知，他曾用微妙的俏皮话表达他难以形容的心情："我真嫉妒铁塔。"一句婉言，包容了万语千言。

在日常生活中，委婉是说服别人的有效手段。

有一次，居里夫人过生日，她的丈夫皮埃尔用一年的积蓄买了一件名贵的大衣，作为生日礼物送给了妻子。当她看到丈夫手中的大衣时爱怨交加，她既想感激丈夫对自己的珍爱，又想表明不该买如此贵重的礼物。因为他们那时的科学实验正缺钱。于是，居里夫人委婉地说道："亲爱的，谢谢你！这件大衣确实谁见了谁喜欢，但我要说，幸福是有内涵的，比如说，你送我一束鲜花祝贺生日，对我们来说就好得多，比你送我任何贵重物品都要珍贵。"一席话使丈夫认识到了自己破费买贵重礼物确实欠妥。

在交际中总会有一些不便于直说的话题。这就需要把话说得圆通一点，使听者感觉舒服一点，也就不会拒绝了。委婉的言谈技巧是办画说话时的一种"缓冲"方法。它能使本来也许是困难的交往变得顺畅起来，让对方在融洽的氛围中接受自己的意愿。因此有人称"委婉"是办事语言中的"软化"艺术，是运用迂回曲折的含蓄语言表达本意的方法。具体地说，委婉的言谈技巧有以下几种形式：

一、讳饰式委婉法

讳饰式委婉法，是用委婉的词语表示不便直说或使人感到难堪的方法。有时，即使动机再好，如果语言不加讳饰也容易招人反感。例如：售票员说："请哪位同志给这位'大肚皮'让个座位。"这一称呼令孕妇感觉难堪。如果这句话换成："为了祖国的下一代，请哪位热心人，给这位女士让个座。"这位孕妇就会接受，并表示感谢。

二、借用式委婉法

借用式委婉法，是借用一事物或他事物的特征来代替对事物实质问题直接回答的方法。

在纽约国际笔会第四十八届年会上，有人问中国代表陆文夫："陆先生，您对性文学怎么看？"陆文夫说："西方朋友接受一盒礼品时，往往当着别人的面就打开来看。而中国人恰恰相反，一般都要等客人离开以后才打开盒子。"陆文夫用一个生动的借喻，对一个敏感棘手的难题，婉转地表明了自己的观点。实际上是对问者的一种委婉的拒绝，问话者不至于尴尬难堪，交谈仍然得以继续。

三、曲语式委婉法

曲语式委婉法，是用曲折含蓄的语言和商洽的语气表达自己看法的方法。作家谌容访美时在某大学作讲演，有人问："听说您至今还不是中共党员，请问您对中共的私人感情如何？"她回答说："你的情报很准确，我确实还不是党员。但是我的丈夫是个老党员，而我同他共同生活了几十年尚无离婚的迹象……"有时，曲语式委婉法比直接表达更有力。

委婉是交际的"润滑油"，求人办事少不了它。用活用好委婉的表达方法，人际关系会更加融洽，工作和事业上就会从别人那里多获得一份理解和支持，使自己多一份成功的希望。

正话反说：从反面刺激对方

日常生活中，人们往往存在着一种惯性的思维方式，即完全按照一般事物的发展规律去推测别人的行动，而聪明的对手却能够反其道而用之，一举取得主动权。

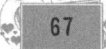

下列四例正话反说术恰恰是反战之术在这方面的运用。

一、巧说反话

据《晏子春秋》记载，齐景公爱打猎，非常喜欢养老鹰捉兔子。一次，烛邹不慎让一只鹰逃走了，景公下令把烛邹推出斩了。晏子为了营救烛邹，立即上前拜见景公说：

"烛邹有三大罪状，哪能这么轻易杀了呢？请让我一条条数出来后再杀他，可以吗？"

齐景公说："可以。"

晏子指着烛邹的鼻子说："烛邹，你为大王养鸟，却让鸟逃走，这是第一条罪状；你使得大王为了鸟的原因要杀人，这是第二条罪状；把你杀了，天下诸侯都会责怪大王重鸟轻士，这是第三条罪状。"

齐景公听了对晏子说："别说了，我明白你的意思。"

晏子运用假设"罪状"的方法对没有罪的烛邹设立了三条明显违背常理的罪名，并数给齐王听，因而使齐王作为旁观者，自己也觉得不合理，并明白了晏子的用意，便放过了烛邹。

二、暗含讽喻

在日常社交活动中，现代人往往也能够成功地运用正话反说术来委婉地表达自己的意见，而这种方式有时还能起到正面劝说所难以起到的效果。

坚坚的妈妈在路上碰到了坚坚的老师。老师对她说："你的儿子将来必大有作为！"当时坚坚的妈妈听了很高兴。不料老师接着又说："坚坚的本领不小，每天早上背着空书包来学校，但在上课时却能不露声色装模作样，好像有书本一样。并且放学回家，在你们面前还能装出一副非常用功的模样。这种举动，不是随便哪个小孩都做得出的，所以我认为他将来必大有作为。"

坚坚的老师是用了正话反说的方法晓谕坚坚的家长。他首先告诉家长"孩子将来必大有作为"，在谈笑间提醒了孩子的母亲。假如老师用很严厉正经的话说："你们做父母的应该负责，关心你们的孩子。"坚坚的妈妈可能会像对待邻居的指责那样，偏袒自己的孩子。可见直接表面的称赞中，正话反说的说服方法是很有用的。

三、巧骂善讽

民国时期，马寅初是著名学者，特别看不起靠美国老板过日子的国民

党财政部部长孔祥熙，在孔祥熙五十大寿的宴席上，因孔祥熙善于讲笑话，所以有人捧场让大家都讲笑话。为酒助兴，马寅初趁机讲了这么一个故事："从前有兄弟三个，老大叫年纪，老二叫学问，老三叫笑话。一天，父母叫三兄弟一同上山砍柴；傍晚三兄弟回家，父亲看到年纪砍了一把柴，学问一点都没有，只有笑话砍了一担柴。"这是讽刺孔祥熙"年纪一把，学问全无，笑话一担。"

这里马寅初巧用正话反说，巧骂善讽，弄得孔祥熙哭笑不得。

有时正话反说，会让你取得沟通的主动权。

直话迂说：迂回说话效果好

当遇到难以正面说服的人或难以拒绝的人时，改变一下策略，避开正面，迂回出击，利用以退为进的语言表达技巧，常常可以收到意想不到的效果。

以退为进的口才技巧，实际是用退一步的方法，取得优势，而最终说服别人接受自己的意见。

以退为进，比只进不退好。因为通过退可以积蓄更大的进的优势，比平平而进取得的效果更大。人们一般都有这样的常识，要用拳头击倒对方，如果先伸直了胳膊撞击出去，一定会显得用力不足；而如果先收回拳头，再猛击出去，一定会重重击倒对方。

《史记·滑稽列传》中记载着一则以退为进的论辩好口才案例。

楚庄王十分钟爱他的一匹马，但这匹马因过于养尊处优，太肥胖而死。庄王命令全体大臣为死马致哀，并要用一棺一椁装殓，按大夫的礼节举行葬礼。百官纷纷劝阻，庄王大动肝火，下令谁再劝阻，定判死罪。

宫中有个叫优孟的人，进宫号啕大哭。庄王问他哭什么，优孟说："这匹马是大王最心爱的马，以楚国之大，什么东西弄不到！现在却只以大夫的葬礼来办丧事，实在太轻慢了！我请求用君王的礼仪来埋葬。"

楚庄王一听甚为高兴，便问："依你之见，怎么个埋葬法呢？"

优孟说："最好以雕琢的白玉做棺材，以精美的梓木做外椁。还要建造一座祠庙，放上牌位，追封它为万户侯。这样天下的人就知道，大王是轻贱人而贵重马了。"

楚庄王一听，如梦方醒，说："我的过错竟到了这种地步！"

优孟成功说服了楚庄王别葬马，不是直言相阻，而是以退为进，消除了庄王的对抗情绪和排斥心理，最后取得论辩的胜利。

某山区一个小村的支部书记带领群众修路时，放炮炸石砸断了一家农户的梨树。这棵梨树是这家农户的财源，主人揪住支书要他赔。

支书说，秋后一定赔偿，但主人不肯，主人的兄弟一拥而上，把支书好一顿打。村里的党员和群众都火了，要求狠狠整治打人者。第二天开村民会，闹事的人也觉得理屈，准备挨整。

不料，支书开口竟作检讨："老少爷们儿，我还年轻，得大家帮扶。哪个活儿我安排错了，哪句话我说得不对，大家担待，我作检讨。"对被打的事竟一字不提。

后来闹事的人找到支书，当面认了错："你是为全村，我是为自家，我错了！今后你咋说，我咋干，听你的。"

支书是很懂得交谈之道的。为了开辟富裕之路，他忍下了个人委屈。但是，他的忍让和退缩，不是懦弱，而是一种坚强；同时也是一种方法，一种有效的以退为进的方法。

由此可见，以退为进的交谈方式，是一种有效的交谈策略。它表面是退缩，实质是进攻，退是为了更好地进。就像拉弓箭一样，先把弓弦向后拉，目的是把箭射出去。

做人感悟

运用上面的方法，要注意三点。

要知情。知己知彼，方能百战百胜。

要有度。退要适度，进要有力，有如拉弓，过度则弓弦易断，不够则不能把箭射远。

要自然。生拉硬扯是不能取得好结果的，只有顺应对方的话题和心态，自然而然，顺理成章，才能退得巧妙，进得有力。

己话他说：把别人的嘴巴利用起来

有一些特殊情况，由于碍于情面，有些话自己难以启齿，有时同一句话，虽然己方说出来可以自然而然，但对方听罢有可能会产生误解，引起尴尬，这时，诱导对方先开口无疑是上上之策。

王某准备借助于好友赵某的关系做笔生意，可就在他将一笔巨款交给赵某的第二天，赵某暴病身亡。王某立刻陷入了两难境地；若开口追款，太刺激赵某的未亡人；若不提此事，自己的局面又难以支撑。

帮忙料理完后事，王某是这样对赵夫人说的："真没想到赵哥走得这么早，我们的合作才开始呢。这样吧嫂子，赵哥的那些关系户你也认识，你就出面把这笔生意继续做下去吧！需要我跑腿的时候尽管说，吃苦花力气的事情我不怕。你看困难大吗？"

看他，丝毫没有追款的意思，却还豪气冲天，义气感人，其实他明知赵妻没有能力也没有心思干下去，话中又加上巧妙的提醒：我只能跑腿花力气，却不熟络那些门路，困难不小，又时不我待。

结果呢？赵妻反过来安慰道："这次出事让你生意受损失了，我也没法干下去，你还是把钱拿回去再找机会吧。"

就这样，王某循循诱导，把自己要说的话让对方自己说了出来，心里的一块重石头被自己轻飘飘的几句话卸在了地上。

 **做人感悟**

诱导对方先说，有时是一种上上之策。

庄言谐说：让严肃的事情诙谐起来

庄重严肃的话题会使人紧张慎重，而诙谐幽默的话题，往往能引起对方感情上的愉悦轻松。在一般情况下，只要不是十分庄重严肃的场合，最好能把庄重严肃的话题用轻松幽默的形式说出来，这样对方在笑声中可能更容易接受。

谁都希望自己有个高工资、高职务。可如果向老板公开提出加薪或升职要求，是不是有点太尴尬？一个青年打工者因为话说得好听而成功地获得了加薪奖励，他的说法值得一学。

他在一家外资企业打工，在较短的时间内，连续两次提出合理化建议，使生产成本分别下降30%和20%。大鼻子老板非常高兴，对他说："小伙子，好好干，我不会亏待你的。"

这个青年当然知道这句话可能意义重大，也可能不值一文。他想要点实在的，便轻松一笑，说："我想您会把这句话放到我的薪水袋里。"洋老板会心地一笑，爽快地应道："会的，一定会的。"不久，他就获得了一个大红包和加薪奖励。

面对老板的鼓励，青年人如果不是这样幽默，而是坐下来认真严肃地提出加薪要求，并摆出理由若干条，岂不太煞风景？弄不好会适得其反。由此看来，庄言谐说，笑着说话，真是妙不可言。

做人感悟

严肃的话题幽默地说，更容易让对方接受。

明话暗说：话中有话，话外有音

有时候，有的话说得太明了，也就嫌深了。说明了和说深了都可能触及到对方的尴尬之处，所以，为避免难堪，保持对方面子，有些明话可以暗示过去。

渡江战役前夕，国共和谈破裂，国民党政府即将垮台。周恩来力劝国民党和谈代表留在北平共事，不要回去做蒋家的殉葬品。代表们也对原政府失去了信任，却又不知毛泽东能不能容忍他们这些异党分子，就想探个究竟，也好为自己求得一条退路。可如果直接相问，就明显有乞降之嫌，大家都抹不开面子。有一个成员趁打麻将的时候，轻描淡写地问毛泽东："是清一色好，还是平和好？"毛泽东心领神会，爽快答道："还是平和好，我喜欢打平和。"

就这样,一个重大的信息悄然传了过去,代表们全留了下来。问者固然高明,回答也是不凡。如果毛泽东再把暗话挑明,拍胸脯担保众人平安无事:一则显得深度不够;二则也似当面在说:"我饶你不死。"双方之尴尬仍在所难免。

做人感悟

<u>明话暗说,可以有效地保全对方面子。</u>

近话远说:绕个弯子表达自己的意思

在某些特定的场合,如果把话说得太直、太透,可能会引起对方的不满,或者对自己产生不利的影响,但意思又不能不表达。这时,如果绕个弯子,将自己肚里的话说出来,便可以弱化对方的不满和对我方的不利影响。这种方法就是近话远说。

近话远说能够人为地拉开话题与现场之间的距离,给双方留下一个缓冲带。

西安事变前夕,张学良和杨虎城就频繁晤面,都有心对蒋发难。可对于这样一个关系到身家性命和国家前途的大事,在对方亮明态度之前,谁敢轻易开口?眼看时间越来越近,双方都是欲说还休。

杨虎城手下有个著名的共产党员叫王炳南,张学良也认识。在又一次的晤面中,杨虎城便以他投石问路,说道:"王炳南是个激进分子,他主张扣留蒋介石!"张学良及时接口道:"我看这也不失为一个办法。"于是两个聪明的将军开始商谈行动计划。

当时,张学良的实力比杨虎城大得多,且又是蒋介石的拜把子兄弟。杨虎城如果直接把自己的观点摆在张学良的面前,而张学良又不赞同,后果实在堪忧,于是就借了并不在场的第三者之口传出心声,即使不成也可全身而退,另谋他策。

做人感悟

近话远说，有时会有效避免对方的不满。

深话浅说：把刺儿藏在花芯里

问题的深处总要牵涉到本质上，就本质问题争执不下，容易造成僵局；问题搞僵了，不但关系到彼此的利害，也关系到彼此的面子和尊严。这时就应该从深的问题中爬出来，绕过本质，在浅明的问题上导引变通。这样就可以使深的问题掩盖起来，让对方采取积极的行动。

当对方在较深的问题上固执己见时，我们可以故意把对方捧到优势的位置上去，表明决定权在对方手上，我方则处于"附庸"顺从的地位，使对方在心理上获得一定的满足。然后，我们可以以弱小者的身份表明自己态度，并且软中带硬地指出对方如一味地固执己见，则我方迫于无奈只好采取某种消极行动，甚至退出合作、中止关系。对方站在"强者"的位置上，一方面碍于面子，一方面也要考虑现实后果，因而不得不有所变通，接受我方的意见。

陈毅当外交部部长时，有次出访印度尼西亚，就已陷入僵局的第二次亚非会议的会址问题再次与苏加诺磋商。苏加诺认为真正的力量在亚洲，所以会议不但要在亚洲开，而且要在印度尼西亚开。眼看说不下去了，空气好像凝结了，陈毅和颜悦色，一字一句地对苏加诺说了一段极为精彩的话："阁下是总统，总统就是统帅，而我只不过是个元帅。元帅当然要听总统的话啦！您统帅下命令，我元帅当然就要执行。但是呢，元帅嘛也有义务给统帅提意见、提建议。如果统帅老是不接受元帅的建议呢，元帅我就只好辞职不干了。"

这段不紧不慢、不温不火的婉转的外交辞令，绵里藏针，深入浅出，充分显示出陈毅元帅充满睿智的语言艺术和高超的外交才能。苏加诺是明白人，待冀朝铸有声有色地把话译出来后，苏加诺慌了神儿，忽地一下子站了起来，脱掉帽子，在座位附近转了两三圈，半认真半开玩笑地说："元帅阁下，你真厉害！"顿了一下，他无可奈何地说："我接受你的意见，就在非洲开吧!"一场外交风波就这样烟消云散,陈毅的一席话使中国又获得一次外交胜利。

在这个例子里,面对固执己见的苏加诺,陈毅故意把自己降到弱者位置,指出自己作为元帅,只有给统帅提意见的权利,而真正的决定权是在苏加诺手中,让苏加诺得到了面子上的满足,这自然令苏加诺感到受宠若惊。但接着,陈毅又指出,如果苏加诺这位统帅老不接受元帅的意见,那么,"元帅"也就只好辞职不干了,言外之意是中方将不得不采取一些不利于两国关系的消极措施。这一下,苏加诺不得不清醒下来,冷静地权衡利弊了。

做人感悟

深话浅说,可以使对方在心理上获得一定的满足,从而接受我方意见。

避免说太多的"我"

千万别让"我"字充塞在你的谈话之中。苏格拉底说:"不要说我想,而是您认为怎样。"

在一次花园俱乐部的集会里,主人在3分钟的讲话中用了26个"我"字。我的花园、我的篱笆、我的事业……某个熟人走到他的身边说:"很抱歉您已经失去了您的太太!"主人反问道:"失去我太太?"对方答:"请问您花园的一切跟您太太丝毫关系都没有吗?"

亨利·福特二世将无聊的人描绘为"将拳头往自己嘴巴塞的人,无聊的人也是'我'字的专卖者"。

自说自话的人在莎士比亚舞台剧中倒还说得过去,因为舞台上只有一个演员,可是在现实生活中就不然了。"我"字专卖者缺少笑话,缺少故事,缺少主见。自言自语是自我疯狂的一种行为,他对于其他人的睡眠、叹息、打哈欠,不理不睬,对其他事物的介绍感到害羞。可叹的是,患有自言自语毛病的人往往终身都不易改正这个缺点。

谈话好比驾驶汽车,说话者,必须小心交通标志。交通标志一方面显示出听众对说话者的谈话内容之喜爱、注意和接受与否;另一方面又能明确表达出他们的不耐烦、激怒或挫折。因此假使说话者看到了红灯，而不知结束谈话，他将发觉自己是造成交通拥挤的主要原因。

有时候，听众可能愿意让讲话者继续说下去而不打岔。

即使这样，讲话者也不可忽略交通标志，若是听众真的为你才华横溢的讲话技巧所陶醉，他们必定继续亮着绿灯，但随时小心交通标志对你来说是没有任何损失的。

在滑稽歌舞剧中，若是有演员在台上拖延时间，就可以看见经理人站在戏台的两侧，伸出有挂钩的棍子，钩向拖时间的演员。因此，若是有人深为疲劳轰炸所苦的话，也应该有钩子来解救他们。

不要使用可能损及别人感情的话语，即使你认为它是无害的。如在一次高阶的选战中，一位候选人不明智地使用伤害少数民族的话语。虽说这些词句可能并不偏颇，但已经造成这些少数选民心目中一条抹不掉的烙痕。

不要使用别人听不懂的语言，不要让自己的谈话中出现肮脏的字眼。一些使码头工人吃惊的脏话，如今竟然可在文雅高尚的先生、女士之中出现，更别说在某些公共戏剧中演员们所讲的话中了。史基勒所谓的"天生较好的行动——性善"时下看来似乎有了问题，有些人认为性善已如西伯利亚的海牛灭种了。我们应反对这种说法。"人依旧是人，依然保存着善良的人。"一些讲话的过失，只不过出自于考虑欠周到或偶尔疏忽罢了。能为别人着想，仍然为今日的世人所赞誉。

做人感悟

少说"我"，更会获得别人的好感。

心不在焉是倾听的大敌

无论你是一名客户服务人员，还是一名销售人员，无论你是一名普通员工，还是一名管理者，在工作中，你可能都会遇到人际沟通的问题。你的客户可能会向你抱怨说："别告诉我说，你能做的就是这么多。"你的同事可能会向你求助："拜托，帮帮忙，把这个问题搞定。"你的下属可能会为他的再次迟到开脱："不，不。这次并不是因为堵车，事实上，是我的车抛锚了。"而你的上司可能会更直接："我不想听你的解释，也没时间听你解释，我只要结果。"

我相信，任何人在上述情况下都难以保持愉悦的心情。他们的反应或许是默默承受，置之不理，或许是寻找机会向自己的密友倾诉衷肠、大发牢骚，或许是以牙还牙，以姑苏慕容家的传世武功还击。

但是，在采取行动之前，我们不妨思考一下：诚然，上述诸人的行为令人不快，但是，除非是对方本人，我们谁都无法改变他的行为。尽管我们没有必要对对方的种种行为忍气吞声，但分析一下他的行为以及他行为背后的原因是大有裨益的。

从人际关系学的角度而言，认真分析他人的行为至少可以达到3个目的：一、你可以从全新的角度认识和了解对方，避免盲目地把他列入某个队伍行列中；二、你可以赢得对方的赞赏和肯定，从而为你们双方的人际关系打下良好的基础；三、你可以站得更近，把对方看得更加清楚，这对于你们双方的关系是有益的。

为了实现以上3个目的，在人际沟通过程中，如果他人的语言和行为令你感受到冷落、挫折、打击甚至愤怒，你首先应该让自己保持足够的冷静，因为情绪上一点点细微的变化都有可能使我们的工作效率大幅下降，甚至使我们的工作毫无生气。幸运的是，在这种情况下，我们可以调节自己的情绪，控制自己的愤怒，聆听对方的陈述，把焦点集中在对方的行为上面。

美国人性教父戴尔·卡耐基在谈到如何影响他人并取得成功的时候指出："多数人在寻求促成他人的意见同他们一致的时候，自己总是说太多的话。如果你对他的看法并不同意，你或许会想去阻止他或者反驳他，但是，最好不要这样做，因为，这样有引起争论或者冲突的危险。在他人的意见还没有表达完毕之前，他根本不会注意到你。所以，你应该耐下心来，保持着一颗开放的心静听，你的态度一定要诚恳，鼓励他完全地发表他的意见。"

在一些人看来，"倾听"往往意味着交谈的目的不是为了倾听对方的谈话，而是在等待自己发言的机会。这可以从一个侧面反映在紧张、忙碌和快节奏的工作中人们对于时间的珍视和对于倾听的淡漠。在许多场合，我们都可以看到倾听者一边装着全神贯注的样子，一边摆弄着身上的某个小饰物，或者用自己的拇指与手机另一头的目标打招呼；我们也可以看到倾听者总是按捺不住自己的兴奋和舌头，在对方谈兴正浓的时候插话进来，并且试图以自己的高调盖过对方。

倾听与听并不完全相同："听"是一种被动的状态，是我们在不情愿或者不自主的状态下被迫接受声波的自然状态；而"倾听"则不同，是我们主动探究对方谈话中包含的信息和意义。在倾听中，无论是讲话者还是倾听者都在进行认真细致的思考。美国的朱迪·C·皮尔森博士指出："一个善于倾听的人总能及时发现对方的长处，并且鼓励对方继续下去，而倾听本身也是对谈话者的一种暗示和鼓励，让对方的自信心得到提升。"正如莎士比亚在《哈姆雷特》中所写的，"多给别人耳朵，少给别人声音"。

我们可能会抱怨说，对方的语句过于重复或者对方的谈话漫无边际，在许多场合，这是一个无可争辩的事实，但是，我们也应该审视一下自己，在交流的过程中，我们是否也一直或者偶尔假装在倾听呢？我们是否在一边听着他人的谈话，一边想着自己的事情呢？我们是否仅仅是偶尔象征性地点点头，对谈话的内容缺乏应有的兴趣呢？

 做人感悟

老天赐予我们两只耳朵，就要求我们用它们全心倾听，而不是让别人的谈话从一只耳朵进另一只耳朵出，也不是让我们只用一只耳朵去听。

提问是一门艺术

做一名称职的听众并不意味着你必须在沟通中一直保持沉默，适时发问不仅可以澄清你对某些问题的理解和认识，也可以让对方明白：你已经听懂了多少。一个恰当的提问可以提高对方谈话的兴趣，让他把话题继续延伸。提问可以让模糊混沌的想法变得清晰，可以让稍纵即逝的灵感变为智慧，可以让交谈的双方受到启迪。如果你的提问及时恰当，它的作用就好像一根看不见的细线一样，把散乱的信息串在一起，把看似不相关的东西变成一个有机的整体。

一、提问要及时。恰当的提问可以让你澄清认识，得到对方的及时解答。如果你不能及时给予对方反馈，他们也许会无法判断你理解了多少，从而会按照他们设定的进度继续下去，而你可能一直置于雾里云中。其中最关键的是要掌握提问的时机。如果你没有理解对方提到的某个问题，应

该在对方充分表达完自己的意见之后再提出问题，而不应该半路杀出个程咬金，让对方的思路变得支离破碎。

当然，你的提问也不应该太晚，否则对方会认为你根本没有注意听他现在的谈话。当你希望澄清认识时，你可以这样提问："你好像是说……""你的想法是……""对你来说，那一定是……""那肯定使你很高兴……""让我们总结一下，……""你一定会觉得……"或者是"如果我没有理解错的话，……"上述几种提问的方法都是以陈述句征求答案的，当然你也可以使用简单疑问句询问对方，以期得到"是"或者"否"的简单回答。这样既可以澄清你对某个问题的理解，又不至于打乱对方的思路。

二、提问要简洁。在对方谈话时，如果你在恰当的时机向对方提出问题，这表示你在整个倾听过程中非常投入。一般而言，你表现得越投入，沟通的效果就越好。当然，如果沟通的目的是获取信息，你应该在提问时尽量保持简洁，表示你并不希望控制谈话，而只是希望得到对方及时的解答。

三、提问要恰当。任何提问都是建立在理解和掌握的基础之上。如果我们根本没有理解对方，那么，这样的提问反而会弄巧成拙。在提问之前，我们应该思考一下：对方的心情是怎样的？他想表达什么样的感受？他希望得到什么样的回答？只有在深刻理解对方的基础上，我们才能提出让对方愿意回答的问题，从而为相互沟通、协调行动打下良好的基础。如果我们提出的是敏感的问题，我们的态度要慎重。

例如，如果我们发现某位同事工作绩效直线下降，我们应该询问："我发现你最近的工作绩效并不理想，不知道你愿意不愿意告诉我原因呢？如果需要，我愿意随时帮忙。"而不应该这样问："最近你的工作好像很糟糕啊，为什么会出现这种情况呢？"

四、如果对方表示出欲言又止的神情，你可以使用鼓励性的沉默，暗示对方继续他的话题。你的专注和鼓励可以让对方树立起信心和勇气。在日本企业界享有盛誉的盛田昭夫就是一位颇具传奇色彩的沟通大师。有一次，在与索尼公司的中下级主管共进晚餐时，他发现其中的一个小伙子心神不宁。

于是，盛田昭夫主动跟他说："你是不是想告诉我什么？"小伙子欲言又止，好像想说出什么，但是却又在担心什么。盛田昭夫沉默了一会儿，用期待的眼神望着这个小伙子。在盛田昭夫充满激励的眼神和沉默中，这个小伙子终于鼓起勇气，对盛田昭夫说："在我加入索尼公司之前，我认为这是家了不起的公司，也是我唯一想加入的公司。但是，在我加入公司后，我发现情况并不是这样。在我工作的时候，我感觉到我是为我的上司工作，而不是为公司工作；在他看来，他就是公司。我对公司提出了各种意见和建议，可是，如果得不到他的批准，这些建议只能丢进垃圾桶里。说实话，我对索尼公司有些失望。"

通过鼓励这个小伙子畅所欲言，盛田昭夫了解到员工的想法。他意识到，可能许多员工都存在类似的问题，必须让他们勇于表达自己内心的感受和想法，在公司与员工之间架起一座自由畅通的沟通桥梁。于是盛田昭夫在公司内部创办了一份内部周刊，并在上面刊载各单位、各部门现有的职位空缺。目的是让公司的员工自由选择自己的上司和职位，以便让员工得到更多的工作机会，充分发挥自己的特长和潜质，实现自己职业生涯的一次又一次飞跃。

当谈话者善于使用比喻、类比或其他相对间接的方式阐述主题的时候，你更应该在恰当的时机向他提出一两个问题，一方面可以从他的回答中得到更多的支持信息，另一方面也可以表达出你对该主题的理解。

提问也是一门艺术，你需要掌握应该在什么时候提出什么样的问题。为了让自己提出的问题切中肯綮，你可以采取"一分钟假设"法：假想一下，如果对方只给你留一分钟的时间或者只允许你提出一个问题，那么你最想提出的问题是什么？对于这个问题的回答将有助于你在短时间内组织一次有效的提问。

知道了"问什么"之后，下一个问题就是"怎样问"，这就涉及提问的技巧。对于同一个问题，不同的表述技巧可能会产生截然不同的效果，这就是表述方式的重要作用所在。举个例子说，一名信徒询问教主说："我在祈祷的时候能不能抽烟呢？"教主当然回答说："不行。"而另外一名信徒询问教主说："我在抽烟的时候能不能祈祷呢？"教主的回答则是："当然可以。"仅仅是把词语换了下顺序，得到的却是不同的结果，这就体现出表达方式的含金量。

中国清代的重臣曾国藩在剿灭太平军之战中曾经被多次打败，于是他在上奏朝廷的奏折中把"屡战屡败"改为"屡败屡战"，赢得了朝廷的掌声和嘉奖，这同样有异曲同工之妙。

一般来说，你提出的问题可以归结为两种类型：封闭型问题和开放型问题。封闭型问题相对简单，对方只需要回答"是"或者"不是"就可以了。例如,"你的意思是,我们当前进行的这个项目很可能会被推迟,是吗?"或者是,"你认为我们应该在客户中展开一次问卷调查,不是吗?"开放型问题相对复杂,对方不能仅仅依靠"是"或者"不是"来回答,而且需要给出详细的解答。例如,"你认为,这会对我们的项目造成什么影响?"或者是,"你有什么好的办法提高我们的顾客满意度?"

封闭型问题和开放型问题各有所长:封闭型问题的结果可以控制,但是,得到的信息有限;而开放型问题的结果无法控制,得到的信息可以非常丰富。

以时尚和服饰惊艳四座的法国影星苏菲·玛索曾经谈到过一件事,突出地表现了不同提问方式的不同效果。在出席了一次电影盛会之后,媒体记者纷纷对她发问。当时,苏菲·玛索身穿一件红色露肩晚礼服,把她衬托得热烈奔放、活力四射。而媒体记者的目光也集中在这件晚礼服上,提出的问题五花八门。

有人问:"苏菲·玛索小姐,你今天的红礼服非常抢眼。请问,你明天穿什么颜色的礼服?"

有人问:"你明天穿红色的吗?"

有人问:"你明天不穿红色的吧?"

有人问:"你明天穿红色的还是白色的?"

有人问:"你明天深红色的还是淡红色的?"

我们不妨略微分析一下上述几种提问方式。第一种"你明天穿什么颜色的礼服?"是一种自由式的提问,你可以回答是红色,也可以回答其他别的颜色,总之,答案可以自由选择。第二种"你明天穿红色的吗?"是一种肯定式的提问,提问者在内心有种强烈的意识,认为对方可能会穿红色衣服。而你的回答只能是"是"或者"不是",回答的信息相当有限。第三种"你明天不穿红色的吧?"是一种否定式的提问,与肯定式提问类似,提问者在内心有种强烈的意识,认为对方可能不会穿红色衣服。而你的回答也只能是"是"或者"不是"。

第四种"你明天穿红色的还是白色的?"是一种二选一的提问方式,你只能在红色与白色之间选择一种,提问把答案牢牢地禁锢在一个小范围之内。第五种"你明天穿深红色的还是淡红色的?"是一种强迫式的提问方式,已经把你的答案局限在红色之中,而你只能在深与浅之间作出微小的调整。

显然，以上提问方式不同，给予对方的感受也是不一样的。苏菲·玛索坦言，自己最不愿意听到的提问就是第三种否定式的提问，因为这会让她感觉到压抑；同样，她也不喜欢第五种强迫式的提问，因为这会束缚她的自由，对于这种提问方式，苏菲·玛索幽默地说："为什么他们不干脆问我明天是穿浅绿还是深绿？那样，我会爽快地答他'是红色的'。"

为了得到更多的反馈信息，你最好提出开放型问题，除非你的时间非常紧迫或者对方提供的信息已经相当详尽。一个恰当的开放型问题不仅可以鼓励对方打开自己的思路，和你分享他的想法、意见和观点，而且可以为你提供一个充分了解他、认识他的机会。如果你的问题恰好点燃了他的兴趣，那么，恭喜你，对方将会以感激和知遇的心情打开他的心扉，把你当成一个善解人意的朋友。

如果你希望从多个角度了解对方，你不妨想想看，在你所认识的朋友和同事中，谁与对方的关系最为密切。如果你在心中有了答案，你可以找到他，询问他对于那个人的看法和如何与他增进关系的建议。即使你得到的答案基本类似，你所倾听到的表达方式和角度总会有所不同。你可以询问你的同事或者朋友："我不知道你对查林格有什么印象，每次和他沟通，我都感觉到非常不愉快。不知道你有没有好的办法或者建议呢？"如果他对此也无能为力，你至少已经找到了同一个战壕中的战友，三个臭皮匠胜过一个诸葛亮，你们两颗充满智慧的脑袋凑到一起，总比你一个人孤军奋战要好得多；如果他能够提供一两条可供参考的建议，那么，麦肯锡的一个非常著名的工作法则——你所做的事，早已经有人做过了，把那个人找出来——就生效了。

做人感悟

<u>会提问的人，都是沟通的高手。</u>

第五篇
巧妙地表达自己的见解

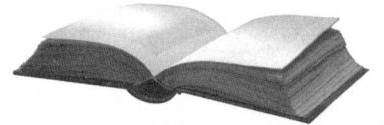

善于给别人提供台阶下

心理学研究表明，没有一个正常人愿意把自己的错处或隐私暴露在光天化日之下，其隐私一旦在公众面前被人曝光，就会感到难堪无比或恼怒异常。因此，在人际交往中，如果不是为了某种特殊需要，一般应尽量避免触及对方的敏感区，避免使对方当众出丑。必要时可委婉地暗示对方的错处或隐私，给他造成一定的心理压力，但切记不可过分，只需点到为止。

有一次，英国首相丘吉尔和夫人克莱曼蒂娜一同受邀出席一位重要人物举行的晚宴。宴会上，某国的一位著名外交官将一只小银盘偷偷塞入自己的怀中，但他的这个举动被细心的女主人发现了。女主人非常着急，因为那只小银盘是她心爱的一套古董中的一部分，对她来说很重要。怎么办呢？女主人灵机一动，求助克莱曼蒂娜把银盘要回来。克莱曼蒂娜略加思索，向丈夫耳语一番。只见丘吉尔微笑着点点头，随即用餐巾作掩护，也"偷"了一只同样的小银盘放进口袋，然后走到那位外交官身边，很神秘地掏出来说："我也拿了一只同样的小银盘，不过我们的衣服已经被弄脏了，所以应该把它放回去。"外交官听完丘吉尔的话后，表示完全同意，于是他们两个都从怀中拿出盘子放回桌上。

在这里，丘吉尔夫妇在接到女主人的求助后，并没有直接指明外交官所犯的错误，而是如法炮制自己也"偷"了一只同样的小银盘，以小银盘会弄脏衣服为借口与那位外交官商量把东西还给主人。这样不仅使这位外交官认为偷银盘的不止他一个人，又给了犯错者一个合理的台阶下，维护了犯错者的面子，从而使其自愿将小银盘物归原主。

发生在北京某著名饭店的一则案例与丘吉尔这则如出一辙。在北京一家著名饭店，有一位外宾吃完一道茶点后，顺手把精美的景泰蓝食筷悄悄"插入"自己的西装内衣口袋里。

这一切被服务小姐看在眼里，她不露声色地迎上前去，双手擎着一只装有一双景泰蓝食筷的绸面小匣子说："我发现先生在用餐时，对我国景泰蓝食筷爱不释手。非常感谢您对这种精细工艺品的赏识。为了表达我们的感激之情，经餐厅主管批准，我代表本店，将这双图案精美并且经严格消毒的景泰蓝食筷送给您，并按照大酒店的'优惠价格'记在您的账簿上，您看可以吗？"

那位外宾当然明白这些话的弦外之音，当即表示了谢意，并解释道：自己多喝了几杯酒，头有点晕，误将食筷放入内衣袋里。并借此台阶说："既然这种食筷不消毒就不好使用，我就'以旧换新'吧！哈哈哈哈……"说着取出内衣口袋里的食筷恭敬地放回餐桌上，接过服务小姐给他的小匣，不失风度地向付账处走去。

可以想象，如果这位服务小姐在发现情况后直接对外宾大加指责，并严辞要求对方交出食筷，结局就会大不相同了。另一方面，当对方自己由于某种原因处于尴尬境地的时候，你同样也可以为对方留足面子。既能让当事者体面地"下得来台"，又尽量不让在场的旁人有所觉察，这才是最巧妙的台阶。

有这样一则实例也很有启示。一次，一位商人在天津某饭店请客，请10个人用餐点了3瓶酒。饭店女服务员知道10人餐5道菜起码得有5瓶酒，看来客人手头不那么宽裕，于是，她不露声色地亲自给客人斟酒。

5道菜过后，客人们酒杯里的酒还满着。这位商人脸上很光彩，感激这位服务员给他圆了场，临走时表示以后一定还会到这里消费。

如果服务员想让这位商人"出洋相"真是太容易了，但那样就会失去一位忠诚的客户。善于交往的人往往都会这样不动声色地让尴尬之人摆脱窘境。

做人感悟

<u>在日常生活中，当我们遇到某些意外情况使对方陷入尴尬境地时，一定要给对方提供台阶下，如采取某些妥善措施，及时为对方挽回面子，甚至巧妙地为对方的面子再增添一些光彩，对方会因此对你感激不尽的。</u>

善于营造利于说服他人的局势

营造利于说服的局势是指在一些争论中，如果要赞成或反对某种观点，

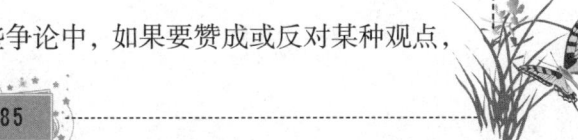

应该时刻注意周围群众的情绪,尽量调动起群众的情绪来支持自己的观点。在不知不觉中,使对手感到"精神压力",使之无回击之力。

善于运用营造利于说服他人的局势,贵在主动造势,以此营造一种有利于说服对方的局面,使对方进入自己设置的思维模式。

在林肯当律师时,有一次,他得悉朋友的儿子小阿姆斯特朗被指控为谋财害命,已初步判定有罪。他以被告律师的资格,到法院查阅了全部案卷。知道全案的关键在于原告方面的一位证人福尔逊,因为他发誓说在10月18日的月光下,清楚地目击小阿姆斯特朗用枪击毙了死者。对此,林肯要求复审。

在这场精彩的复审中,有以下一段对话。

林肯问证人:"你发誓说看清了小阿姆斯特朗?"

福尔逊:"是的。"

林肯:"你在草堆后,小阿姆斯特朗在大树下,两处相距二三十米,能认清吗?"

福尔逊:"看得很清楚,因为月光很亮。"

林肯:"你肯定不是从衣着方面看清他的吗?"

福尔逊:"不是的,我肯定看清了他的脸,因为月光照亮了他的脸。"

林肯:"你能肯定时间是在11时吗?"

福尔逊:"充分肯定,因为我回屋看了钟,那时是11时15分。"

林肯问到这里,就转过身来,发表了一席惊人的谈话:"我不能不告诉大家,这个证人是一个彻头彻尾的骗子。他一口咬定10月18日晚上11时在月光下看清了被告的脸。请大家想想,10月18日那天是上弦月,晚上11时月亮已经下山,哪里还有月光?退一步说,也许他对时间记得不够精细,时间稍有提前。但那时,月光是从西往东照,草堆在东,大树在西,如果被告的脸面对草堆,脸上是不可能有月光的。"

听了林肯合情合理的陈述,听众先是一阵沉默,紧接着掌声、呼声一齐迸发出来。福尔逊顿时傻了眼。

问清当时的情形,讲明道理以引导之,是论辩取胜的常法,林肯步步为营,一点一点地营造有利于自己求证的局面,最终得出了福尔逊在作伪证的事实。

做人感悟

说服他人时，营造利于说服的局势，有时可以使复杂问题简单化，为人们之间的沟通提供方便。

与对方站在同一立场上

对于不易说服的人，最好的办法就是要使对方认为你与他是站在同一立场上的。

卡耐基曾租用某家大礼堂讲课。有一天，他突然接到通知，租金要提高三倍。卡耐基前去与经理交涉。他说："我接到通知，有点震惊，不过这不怪你。如果我是你，我也会这么做。因为你是旅馆的经理，你的职责是使旅馆尽可能盈利。"

紧接着，卡耐基为他算了一笔账，将礼堂用于办舞会、晚会，当然会获大利。但你撵走了我，也等于撵走了成千上万有文化的中层管理人员，而他们光顾贵旅社，是你花5000元也买不到的活广告。那么，哪样更有利呢？经理被他说服了。

卡耐基之所以成功，在于当他说"如果我是你，我也会这么做"时，他已经完全站到了经理的角度。接着，他站在经理的角度上算了一笔账，抓住了经理的兴奋点——盈利，使经理心甘情愿地把天平砝码加到卡耐基这边。

有位男子，在单身时坚持"大男子主义"，强调男人是一家之主。然而结婚没多久，却成了"太太万岁"的丈夫。

从"大男子主义"到"太太万岁"，完全是因为他太太攻心有方所致。有关孩子的升学、住宅计划等问题，太太都和他商量，而且他也以一家之主的身份来下结论。可是，后来发现所有事情的最后决定权仍在太太那里。

他太太常用的手段是，她每次都以疑问的口气问她先生："你有什么好办法？"将决定权假装送给对方。当一家之主受到信赖、自尊心得到维系时，心里就飘飘然，以为决定权在自己掌握中。但实际上，一切都是以太太的主张为结论。

他太太的高明之处，就在于巧妙利用人心之盲点，从丈夫的立场出发，以疑问式代替命令式。

做人感悟

与他人站在同一立场上，有利于更好地说服他人。

让对方一开始就说"是"

心理学家指出：当一个人明确地说"不"的时候，他的整个机体——肉体和精神——都处于一种明显的收缩状态。这种状态会使他拒绝任何人的意见。同时，一个人一旦说出"不"字，往往就不好再反悔，自尊心有可能使他顽固地坚持下去。尽管他以后也许会认为这个"不"字是愚蠢的，然而当时他会把这个"不"字看成是至高无上的、必须捍卫的东西。

相反，在一个人说"是"的时候，他的机体就处于开放状态。这种状态使他能够虚心地权衡和接受他人的意见，没有必要为自己进行任何防卫。一个人说的"是"越多，他被别人的意见所捕获的可能性就越大。

懂得这个道理，那么，你在劝说对方的时候，就应该尽量不要让对方把"不"字说出口，以免他固守错误观点，拼命维护他的尊严。要尽可能启发对方说"是"，用"是"的效应来使他接受你的影响。人们为了维护自己的尊严，维护自我的统一性，也不会在同一个问题上先说"是"，再说"不"。谁愿意给人留下一个出尔反尔的印象呢？

美国一家电器公司的推销员阿里森曾经经历过这样一件事：一次，他到不久前才发展的客户中去，这个新客户的总工程师劈头就说："阿里森，你还指望我们多买你的发动机吗？"

阿里森知道，他在埋怨刚刚购买的那批发动机发热超过了正常标准，于是说道："好吧，史宾斯先生，我的意见和你的意见相同，假如发动机热度过高，别说买，还应该退货，是不是？"总工程师说："是的。"

阿里森又说道："按标准，发动机可以比室内温度高出72度，对不对?""对的,"总工程师说,"但你们的产品却比这高出许多,难道不是事实吗?"阿里森反问道:"你车间的温度是多少?"总工程师略加思索了一下,回答:"大约75度(华氏)。"阿里森说道:"车间里75度,加上应有的72度,一共是140度左右,如果你把手放在140度的热水里,是否会把手烫伤呢?"

总工程师虽然不情愿,但也不得不点头称是,阿里森接着说:"那么,以后你不要用手摸发动机了,放心,那完全是正常的。""你说得一点儿也不错。"对方承认说。不难看出,让对方作"是"反应,不仅消除了原来的不满,而且以后又成功地进行了一笔买卖。

这种"是"的反应,其实是一种很简单的技术。它就是首先避开矛盾的分歧,先求同存异,从双方同意的问题入手,使得劝说一开始就充满愉快的气氛。

做人感悟

运用上文的方法时,可以指出一些双方都相信的事实,提出一些双方都渴望得到圆满解决的问题,然后再说明这些问题,介绍所掌握的有关这些问题的确凿证据,使对方无意地产生顺从并最终接受劝说者的思想和观点;必要时,还可以通过诚挚的赞美去打动对方。

层递渐进,说服顽固的人

在现实生活中,我们常常需要说服别人,大到思想观念,小到生活琐事。然而,成功地说服别人并不是一件轻而易举的事,因为被说服人的思维惯性和既成偏见是相当顽固的。

面对这种情况,我们在进行说服时不必急于求成,可以采用一种"层递渐进"的技巧来逐步说服对方。所谓"层递渐进"指在说服时遇到十分固执的对象,可以先由对方不经意的问题切入,再层层递进,步步深入,从而逐渐引向实质性问题,使对方跟随说服者的思维轨迹渐渐接受说服者所讲的道理。具体地说,主要有以下方法:

一、由大及小的层层剥离

在说服别人时，可以采用由大及小的方法去分析整理，这是一种由点及面、层层剥离的技巧，可以使被说服者对说服者所持的观点、内容有一个较为深刻细致的了解，并能减轻对方接受新观点的心理压力，进而心悦诚服地改正错误。

某饭店服务员刘小姐拾到顾客遗失在店内的手机，想据为己有，被领班张主管发现了，让她上交，可刘小姐说："手机是我拾的，又不是偷的，更不是抢的，不上交也不犯法。"张主管说："小刘，你知道什么叫'不劳而获'吗？""不知道！"刘小姐嘟着嘴回答。

张主管说："你看，'不劳而获'是不经过劳动占有劳动果实。""你什么时候学会咬文嚼字了？"刘小姐有点不耐烦了。张主管耐心地问："你说，抢别人的东西是不是'不劳而获'？""是的。""你说，偷别人的东西是不是'不劳而获'？""当然是的。""那么，拾到别人的东西据为己有是不是'不劳而获'呢？""这，这……"刘小姐顿时语塞。

张主管顺势教育道："拾到别人的东西据为己有和偷、抢得来的东西，在'不劳而获'这一点上是相通的，除了国家法律，我们还应有一定的社会公德，再说店里也有工作守则，拾到顾客遗失的物品要交还，你可不能犯糊涂啊！"经过张主管的教育，刘小姐终于认识到自己的错误，把手机交了出来。

在这里，张主管避开刘小姐振振有词的歪理，而是有意和她弄清楚一个看似与论题无关的"不劳而获"的意义，再诱导她由大及小，从面到点，步步推进，层层剥离，最后才切入实质性问题：拾到东西据为己有，同偷、抢一样是"不劳而获"，是同样可耻的行为。一席话使刘小姐受到了教育，打消了错误念头。

二、由小及大的招招紧跟

在说服别人时，也可以采用由小及大的方法，分步骤、分阶段去分析事理，这是一种得寸进尺、招招紧跟的说服方法。此法的好处是容许被说服者在接受说服的过程中，存在一个认识过程，获取一些全新的认识。

美国费城电气公司的推销员韦伯到一个州的乡村去推销电，他叫开了一所富户的家门，户主是一位老太太。她一开门见到是电气公司的，就猛然把门关上。韦伯再次叫门，门勉强开了一条缝。韦伯说："很抱歉，打扰你了。我知道你对电不感兴趣，所以这一次登门并不是来向你推销的，而是来向你买些鸡蛋。"老太太消除了一些戒意，把门开大了一点，探出头，用怀疑的目光望着韦伯。

韦伯继续说："我看见你喂的鸡很漂亮，想买一些新鲜的鸡蛋带回城。"接着充满诚意地说："我养的鸡下的蛋是白色的，做的蛋糕不好看，所以，我的太太就要我来买些棕色的蛋。"这时候，老太太从门里走出来，态度比以前温和了许多，并且和他聊起了鸡蛋的事，韦伯指着院子里的牛棚说："老太太，我敢打赌，你养的鸡肯定比你的丈夫养的牛赚钱多。"

老太太被说得心花怒放。长期以来，她丈夫不承认这个事实。于是她把韦伯视为知己，并高兴地把他带到鸡舍参观。韦伯一边参观，一边赞扬老太太的养鸡经验，并说："你的鸡舍，如果能用电灯照射，鸡的产蛋量肯定还会增多。"老太太似乎不那么反感了，反问韦伯用电是否合算，韦伯给了她圆满的回答。两个星期后，韦伯在公司收到老太太交来的用电申请书。

韦伯之所以能说服固执的老太太，诀窍在于他不急于求成，而是采用由小到大、招招紧跟的说服方法，一步一步具体而又细致地为对方剖析情势，为其出谋划策，这就一步一步地把双方的心理距离拉近了，促使老太太的态度一点一点地发生改变，就这样由小到大地一步一步逼近预定目标，最终取得了说服的成功。

三、由此及彼的渐渐推理

如果正面说服别人有一定的难度，不妨暂且远离话题，向对方谈论另一件看起来与之毫不相干的事，再诱导对方归纳出其中蕴涵的道理，然后由此理渐渐切入彼理，依此类推，回到原来所论之上，这时，对方就只有依常理而服气的份儿。

朱女士是某大学外国留学生的汉语教师，她上课时，日本留学生河野大辅常常迟到，而且总是穿着木屐进教室，只要他一到，噼噼啪啪的响声就闹得教室难以安静下来，朱老师每次向他指出，他总是油腔滑调地回答："老师，我只有一双木屐，要是不让穿，我只好不来上课了。"他的话引得留学生们哄堂大笑。

有一次，上课时讲风土人情，朱老师请各国留学生介绍自己国家的文

化,有意让河野大辅介绍日本国家的"榻榻米",河野大辅来劲了,跑上讲台连说带比画地告诉大家使用"榻榻米"的规矩,朱老师冷不防插问道:"如果有人一定要穿着鞋子踩上'榻榻米',日本人会怎么看呢?"河野大辅不假思索地回答:"那日本人一定会认为这个人脑子有病。"

朱老师笑了,然后问道:"那么,在中国大学的课堂里,你一定要穿木屐来上课,中国人会怎么看你呢?"河野大辅愣了半天,恍然大悟道:"老师的圈套大大的,我钻进去了。"第二天他穿了一双崭新的运动鞋走进教室,还故意朝朱老师抬了抬脚。

四、由远及近的步步深入

要说服某些偏执的人,可以采用以迂为直的策略,先聊一些与实质性问题较远的其他话题,再由远及近一步步进入实质性问题,这种方法的好处是能逐渐拉近双方心里的距离,层层铺垫、步步深入地引导对方,看起来所费的周折大,但却是取得说服成功的捷径。

中学生小张,其父母均在国外工作,自己随同外婆生活,学习上对自己要求不高,上课时爱找邻近的同学讲话,老师多次教育也不改正,于是班主任周老师找他谈话。周老师说:"小张,昨天物理老师说你这次物理成绩相当不错,同上一次比起来,进步很大,今天老师打电话告诉你外婆了,外婆听了很高兴。老师也很高兴,这说明只要通过自己的努力,学习可以进步,成绩能够提高。你爸爸妈妈一直在国外工作,长期以来,你都能够很好地照顾自己,有时还能帮外婆做点事情,说明你有相当强的自理能力,这在我们班级中也是很不错的。最近老师的工作较忙,对你的关心也比以前少了,这是老师工作疏忽,今天老师找你来,是想了解一下最近这些日子,你的情况怎么样,是不是达到了上次你对自己提出的要求,你能告诉老师吗?"

小张不好意思地说:"不太好。"周老师则进一步诱导:"的确,我们学习中免不了要犯这样那样的过失,要改掉它也不是一下子的事情,今天既然到老师这儿来了,能不能和老师一起探讨一下,咱们一起找出这种现象的根源,然后努力克服它,你说好吗?"

接下来,老师和学生之间开始了相当友好的沟通。一方面老师指出上课违纪的危害性,另一方面学生也谈出了自己对问题认识不足以及自我要求不严的毛病。最后老师进一步提出更高要求，并寄予了厚望，学生愉快地接受了老师的劝告。

在这里，周老师对缺乏自制力的学生小张就采用了由优点说到缺点，由副题引入主题，由关心询问到互相探究，层层递进，步步深入，最后才接触实质性问题的方法。由于周老师善于对症下药，方法得当，循循善诱，苦口婆心，终于取得了说服的成功。

做人感悟

说服的过程是说服者对被说服者攻心的过程，也是使被说服者心理渐变的过程。运用"层递渐进"的说服技巧，从理论上讲，符合心理学的基本规律，从实践中看，只要运用得恰当巧妙，就能取得理想的说服效果。

利用逆反心理进行反面刺激

在改变人的态度时，根据逆反心理这一特点，把某种劝说信息以不宜泄露的方式让被劝说者获悉，或以不愿让人们多得的方式出现，就有可能使被劝导者更加重视这一信息，并毫不怀疑地接受它。土豆从美洲引进法国的历史就很耐人寻味，它说明利用逆反心理能成功地改变人的态度。

法国在很长时间内都没有推广土豆的培植，因为宗教界称土豆为"鬼苹果"，医生认为它对人体健康有害，农学家则断言土豆会使土地变得贫瘠。著名的法国农学家安瑞·帕尔曼彻在德国时，亲口吃过土豆。回到法国后，他决心要在自己的故乡培植它，可是很长时间他都未说服任何人，于是他要了一个花招，在国王的许可下，他在一块出了名的低产田里栽种了一批土豆。

根据他的要求，由一支身穿仪仗队服、全副武装的国王卫士看守这块土地。但这些卫士只是白天看守，到晚上就全部撤掉了。这时人们受到禁果的引诱，每到晚上都来偷挖土豆，并把它栽在自己的菜园里。土豆就这样在法国得到了推广。

这说明，越是对人劝说，有时人们越不接受；越不想对人劝说，反而

越能成功地劝说人们。

一名高二女生有了早恋倾向，和同班一个男生频繁约会，上课时也心不在焉，以致成绩大幅滑坡，班主任把她叫到办公室，问她为什么不认真学习，她回答：

"没心思学。"

班主任听后厉声呵斥道：

"你那心思都干什么去了？你为什么就这样执迷不悟？告诉你，中学生不允许谈情说爱。再过一年，你就后悔莫及了，他考上了重点大学，就绝不会跟你来往了——因为你太浅薄、太虚浮、太目光短浅了！"

那女生一听这么严厉的话，眼泪就扑簌簌流了下来，眼里满是对老师的忌恨，但心里却受了极大的震动。待她哭完，班主任又温和地说：

"对不起，我刚才的话可能不够礼貌，其实我只是出于无奈，是害怕你堕落到那种地步啊！"

那女生终于领会了班主任初时严厉继而温和的真实用意，因此，一面接受了老师的道歉，一面痛下了洗刷"浅薄"的决心。

生活中一些执迷不悟的人，成天沉浸在自己的想法中，浑浑噩噩，糊里糊涂。这时，要警醒他们，可以采取像这位班主任一样"当头棒喝，反向刺激"的方式，给对方强烈的心理刺激，促使他深刻反思自己。

 **做人感悟**

<u>反向刺激的最终目的还在于正面引导。所以，最好能在对方有所触动后，再对自己刚才言语的率直加以道歉，让对方恢复心理上的平衡。只有这样，才能取得好的说服效果。</u>

声东击西显奇效

沟通技巧中有一个重要的方法就是声东击西。对于固执己见或执迷不悟者，最好的沟通办法便是声东击西，让对方不得不接受你的意见。

齐景公很喜欢打猎，养了很多老鹰和猎犬。有一次，负责照顾老鹰的烛雏不小心让一只老鹰飞走了。齐景公大怒，要斩杀烛雏。晏子听说后连忙说："烛雏有三条大罪，不能轻饶了他。请大王让我先数说他的罪状再斩杀他吧！"景公点头称是。

于是，晏子就当着齐景公的面，指着烛雏说道："烛雏，你替大王养鸟，却让鸟逃了，这是第一条大罪；你使大王为了一只鸟而要杀人，这是第二条大罪；杀了你，让天下诸侯都知道我们大王重鸟轻士，这是你的第三条大罪！大王，我已将他的罪状数说完了，请杀死他吧！"齐景公听罢，当即释放了烛雏。

晏子列举的三大罪状，实际上是说给齐景公听的，而陈述烛雏的三条大罪，更暗示景公如果因此而杀死烛雏，会为齐国带来不好的影响。

下面的故事也是声东击西的范例：

五代后唐开国皇帝庄宗李存勖，推翻后梁政权而建立了后唐政权。由于天下太平，没有征战机会，于是这位好战好动的皇帝便喜欢四处打猎，以消磨时光。

一次，庄宗打猎时纵马奔驰至中牟县，一阵鞭急马快的疾驰，老百姓田地里的庄稼被践踏了一大片。中牟县令为民请命，冒死拦马劝阻，引起庄宗大怒，当面斥退县令，并将县令捉住要将他斩首示众，随行大臣没有一人敢进谏言。

随员敬新磨即率人追回要被砍头的县令，押至庄宗马前，愤怒地指责县令道：

"你身为一介县官，难道还不知道我们的天子喜欢狩猎吗？你为什么纵容老百姓在田地里种庄稼来交纳国家的赋税呢？你为什么不让你们县的老百姓饿着肚子而空着地，好让天子来此驰骋打猎取乐呢？你真是罪该万死！"

怒斥之后，他请庄宗对中牟县令立即行刑，庄宗听罢只是哈哈一笑，纵马而去，遂免了中牟县令的罪行。

敬新磨对皇帝的一段谏言，不但奇特，而且取得奇效，他指桑骂槐，指东说西，不但点明了庄宗皇帝的不是，又免去中牟县令的死罪。

 **做人感悟**

<u>声东击西是对付固执之人和执迷不悟者的最好利器。</u>

含蓄地向上司表达自己的见解

向领导迂回地表达反对性意见，可避免直接的冲撞，减少摩擦，使领导更愿意考虑你的观点，而不被情绪所左右。

1939年，罗斯福总统的私人顾问亚历山大·萨克斯受爱因斯坦等科学家的委托，企图说服罗斯福重视原子弹研究。

尽管有科学家们的信件和备忘录，但罗斯福的反应冷淡，他说："这些都很有趣，不过政府若在现阶段干预此事，看来为时过早。"

为了表示歉意，罗斯福决定邀请萨克斯于第二天共进早餐，但是罗斯福提出，早餐时不许再谈爱因斯坦的信。

萨克斯笑着对总统说："我想谈一点历史。英法战争期间，在欧洲大陆上不可一世的拿破仑在海上却屡战屡败。这时一位年轻的美国发明家富尔顿来到了这位法国皇帝面前，建议把法国战舰上的桅杆砍掉，撤去风帆，装上蒸汽机，把木板换成钢板。但拿破仑想，船若没有帆就不能航行，木板换成钢板，船就会沉没。他嘲笑富尔顿想入非非，不可思议！结果富尔顿被轰了出去。历史学家们在评论这段历史时认为，如果当初拿破仑采纳富尔顿的建议，那一段的欧洲历史就会重写。"说完这些后，萨克斯目光深沉地注视着总统。

罗斯福沉思了几分钟，然后斟满酒，递给萨克斯，说道："你胜利了！"

萨克斯终于说服了总统，揭开了美国制造原子弹的第一页。

每个人都有自己的一系列观点和看法，它支撑着人们的自信，是人们思考的结果。无论是谁，遭到别人的直言不讳的反对，特别是当受到激烈言辞的迎头批评时，都会产生敌意，导致不快、反感、厌恶乃至愤怒和仇恨。这时就会感到肝火上升，心跳加快，全身处于一种高度紧张状态，时刻准备做出反击。其实，这种生理反应正是心理反应的外化，是人类最本能的自我保护机制的反应。

对于很多领导来说，由于历事颇多、久经世故，能够做到临危不乱，不会立即做出过激的反应。但是，其心中的不快却是存在的。由于领导处于指挥全局的岗位上，又加上了权力的因素，下属的直言不讳，往往会使领导觉得脸上无光、威风扫地，而领导的身份又决定了他非常需要这些东西。

过于直接的批评方式，会使领导自尊心受损，大跌脸面。因为这种方式使问题与问题、人与人面对面地站到了一起，除了正视彼此以外，已没有任何的回旋余地，而且，这种方式最容易形成心理上的不安全感和对立情绪。你的反对性意见犹如兵临城下，直指上级的观点或方案，怎会不使领导感到难堪呢？特别是在众人面前，领导面对这种已形成挑战之势的意见，已是别无选择，他只能维护自己的尊严与权威，而问题的合理性与否，早就被抛到九霄云外了。

事实上，我们会发现，通过迂回的方式间接地表达自己的意见反而更容易被人接受，这大概就是古人以迂为直的奥妙所在吧！

原因其实很简单，迂回的方法很容易使你摆脱其中的各种利害关系，淡化矛盾并转移争论焦点，从而减少领导对你的敌意。在心绪平和的情况下，理智会占上风，他自然会认真考虑你的意见，不至于先入为主地将你的意见一棒子打死。

给领导提建议，有很重要的一个方面，那就是一定要注意时机和场合，以便使领导能用心领会你的意见，并不会导致对你的反感。在娱乐活动中，一般领导的心情比较好，这时候提出建议会使领导更容易接受。特别是如果你能把所提的建议同当时的情景联系起来，通过暗示、类比等一系列活动进行指引，会对领导有更大的启发。还有些比较成功的下属善于接住领导的话头儿，上承下转，借题发挥，巧妙地加以应用，从而很好地启发了领导，使许多悬而未决的问题得到了解决。

几年前，某地某单位刚购置了一批计算机及相关设备，并准备修建一个机房。但在机房安置空调机一事上，老总却不肯批准，认为单位的其他人都在没有空调的情况下办公，不宜特别对机房破例。虽然有关人员据理力争，说明安装空调是出于机器保养而非个人享受的需要，但仍不能改变老总的老脑筋。

有一次，老总与大家一起出去旅游、参观。在一个文物展鉴会上，老总发现一些文物出现了破损，就询问解说员。解说员解释说，这是由于文物保护部门缺乏足够的经费，不能够使文物保存在一种恒温状况下所致。如果有一定的制冷设备，如空调，这些文物可能会保存得更好。老总听后，似有所悟。

这时，站在一旁的机房负责人老王乘机对领导低语："张总，机房里装空调也是这个道理呀！"老总看了他一眼，沉思片刻，然后说："回去再打个报告上来。"后来，这位领导果真批准了机房的要求，为机房装上了空调。

从这个例子可以看出，正是由于老王能够不失时机地将眼前的景象同自己所要提出的建议联系起来，使领导产生由此及彼的类比和联想，才使问题得以圆满解决。

做人感悟

在平常生活中的寥寥数语能胜过郑重其事的据理力争，这就是迂回沟通的力量。

巧妙地指正上司的错误

大家都知道，唐朝著名的宰相魏征以直言善谏闻名于世，但他在批评唐太宗李世民时，也都尽量使用含蓄委婉的方式。有一次，一个人送一只好看的鹞子给李世民，李世民高兴得放下手头公务逗鹞子玩儿。这时魏征进来了，李世民怕被他看见，就赶紧把鹞子揣到怀里。其实魏征早已看见，却故意不言明，奏事时有意慢条斯理，拖延时间。结果等魏征走了，鹞子也闷死在李世民怀里。在这里，魏征就是用含蓄的方式（故意拖延时间）委婉地批评了唐太宗玩物丧志的行为。

批评是一把利剑，可以救人，也可以杀人。当你直接使用这把利剑去针对你的上司时，达不到救人的目的不说，还有可能成为受害者。但如果你能巧妙地提出，就会皆大欢喜。我们批评一个人的时候如果过分直接会显得生硬，让人无所适从，而且会令对方难堪，让人无法接受。因此，在批评他人特别是上司或老板时，适当地闪烁其词，迂回、隐晦、委婉地表达自己的意思，就成为人们社交场合中批评别人的一种智慧。这种方法的使用不仅可以避免因锋芒尽露给对方造成伤害而形成对抗，还能够启发人想象与思考，体会其中的道理，让对方在细细斟酌之余，接受我们的批评，改正自己的错误，从而收到"言有尽而意无穷，余意尽在不言中"的效果。

具体说来，在指正或批评上司的错误时，要遵循以下原则：

一、别把批评当发泄

在批评他人的时候，不要把批评和发泄不满混为一谈。被批评者在接受批评后，可能会产生两种截然不同的感受：一种是很快意识到批评者是在为自己着想，是善意的批评；另一种是觉得批评者是存心找茬儿，是在拿自己当发泄对象，是恶意的批评。在这两种不同的感受之下，人们对批评所接受的程度会完全不同。因此，当你向上司举起"批评"之剑时，一定要提醒自己，表情不要太过于激动，言辞不要过于激烈，更不能把自己的利益放在第一位，而是要让上司感到批评是有益的劝导，这样上司才会接受你的批评。

二、用提醒的方式批评上司

有的企业会有这样的上司，本来是他自己把文件撂在一边，既不翻阅，也不签字，当有关部门追索时，他反而质问下属为何不提醒他或早点将文件给他。这是令人气愤的，这种上司似乎在有意推卸责任，直接打击了下属的积极性和自尊心，既没有道理，也没有道德。

如果你不幸遇到这样的上司，且这位上司三番五次犯同样错误的话，那你也不要反唇相讥、直指其非。

该怎么办呢？聪明的下属就应当把批评的话吞回肚里，变成日常多提醒。例如，你每天像很关心上司似的提醒他有份报告还没签，或表现得好像害怕报告没到他手上似的，有意提醒他。如此一来，上司为了免得再忘记，就会主动把文件处理好。这样做的结果，不仅可以保证工作如期完成，还能为上司维护自尊，而且还增加了你对于他的重要性。

三、当众称赞，私下批评

不要以为这是在搞两面三刀，其实不然，这是一种高明的沟通技巧，和那种表面一套、背地一套的做法有着本质的不同。

人人都喜欢听好话，如果能够当众听到别人的赞美，就会更加觉得有面子。相反，如果你要批评对方，最好选择私下场合，这样除了能照顾到对方的面子外，对自身的形象也会产生好的影响。另外，在批评别人之前，先要从对方的角度想想，为什么他要那样做。有时候，对方可能是有难言的苦衷，没有办法，又不愿向别人透露隐情。另外，还要讲究批评的语调。人们常说，"一样话，两样说"，虽然是相同的一句话，但是用不同的语调说出来，让人听起来感觉就会大不一样。

四、用隐语暗示对方

多数员工都讨厌嘴上说一套、背后做一套的上司。如果你想让上司知道他犯了说一套、做一套的错误，你可以以隐喻的方式（例如，"我的朋友在一家公司工作，总是抱怨他的上司说一套、做一套，开会时说的是一套，但私底下做的却是另一套……"）暗示上司他所犯的错误。

通常来说，聪明的上司听得懂暗示，并且会感谢你的诚恳与体谅。对于有错却不承认，或是笨到听不懂你的暗示的上司，建议你可以对其抱有视而不见的心态，因为这位不听人指正的主管也许不会永远是你的上司。

五、提前设计好指正策略

如果你的上司做错了事，而你又感觉有批评的必要，那么建议你要采取谨慎的批评策略，以免有任何闪失，影响自己的工作或未来的职业生涯发展。

首先，请务必确定这是上司犯的错。这是最重要的一步，但请别在告知上司错误时还带着证据，让上司以为你要摊牌。此外，如果是整个团队都不满上司的错误，也不要采取团体沟通的方式，因为这更容易让上司有你们有一起来摊牌的想法。

然后，选择适当的时机。时机的选择很重要，在指正对方前，一定要观察正确适宜的时机，尤其是观察上司的心情。在上司心情好时沟通总是最有效的。是否能找到适当的场合告知上司错误也很重要。如果你发现上司做错了，请别在公众场合直接指出他所犯的错误，这只不过是匹夫之勇罢了。因为人人都好面子，上司当然也不例外。最好的办法就是在私下和上司进行沟通。

选择好的时机与场合后，开场白的好坏也会直接影响着你这次的沟通是否成功。先让上司知道你的出发点是好的，例如，你可以说"我是为了公司营运着想"，或"我非常尊敬你之类"的话，并且先说"对不起，我知道我哪里没做好"，接着再以轻描淡写的方式暗指上司的过错。

做人感悟

无论发生什么事情，都尽量不要直接批评你的上司或老板。直接批评老板和上司是最愚蠢的做法，聪明人绝不会做这样的事。

迂回指责胜过当面批评

人非圣贤，孰能无过。人人都有犯错的时候，所以领导对下属不能求全责备。如果确实需批评下属，就应该讲究批评的技巧，不能对其冷嘲热讽，极尽挖苦之能事。聪明的领导在批评下属时，都会用温和的态度对待批评对象，用尽量委婉的说法指明对方的错误之处，并将自己的表情、态度、声调融入批评语中，因为他们相信迂回指责胜过当面批评。

通常而言，如果某人做错了事，其内心深处一般会进行自我反省，觉得抱歉、恐慌、不知所措，这个时候你再批评他，他就会因你的谴责而羞愧难当，有的甚至从此一蹶不振，丧失自信。如果你能使用委婉的语气含蓄地批评对方，就会起到很好的效果，例如这样的句子，"以后做事可要多加小心了啊"，"你通常做事都非常细心的，相信那只是一个例外"，"你的能力没问题，如果能再认真些，就更好了"，如果你对犯错者说诸如此类的话，对方不仅会感激你对他的信任，同时还会感受到你的真诚，更重要的是他因此有了改正错误的信心。对方在今后的工作、生活中，也必定会小心谨慎，尽量不再犯同类错误，而且还可能时常提醒自己注意以前不曾注意到的一些不良工作习惯，并适时改正自己的缺点与错误。

美国有一位非常著名的飞机驾驶员，经常参加各种飞行表演。有一次，他在圣地亚哥举行空中表演，在返回洛杉矶驻地的途中，飞机的两个发动机在300米高度时突然熄火，他凭着熟练的技术使飞机降落。虽然没有造成人员伤亡，但是飞机遭到严重的损坏。飞机着陆后，他立刻检查飞机燃料，结果发现是燃料加错了。

回到机场后，这位著名的飞行员决定见见为他座机服务的机械师，当时那个年轻人已经为自己所犯的过失感到愧疚难当，当飞行员走近他时，

第五篇 ◆ 巧妙地表达自己的见解

他已经泪流满面了。由于他的过失，一架昂贵的飞机报废，而且差点让3个人送了命。飞行员没有像人们想象的那样怒气冲冲地批评、指责这位机械师的失误，而是上前搂着他的肩膀说："为了向你表明我坚信你不会再这样做，你明天为我的F-15提供优质的服务如何？"后来，那位机械师不但没有再犯以前那种低级错误，而且干得非常出色。

大家不妨想一想，如果飞行员劈头盖脸大骂机械师一通，不仅会大大地伤害机械师的自尊心，而且还会使他变得沮丧、自卑、畏首畏尾，甚至放弃他本来可以做得很好的职业。

 做人感悟

越是善于使用"迂回指责"技巧的人，越容易赢得人心。

第六篇

掌握化解矛盾的沟通技巧

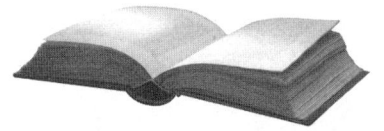

自信是处理冲突首要的武器

自信是处理冲突时首要的心理素质，拥有了自信，也就拥有了处理冲突的心理基础。

一、高效工作需要自信铺路

自信，是沟通的首要心理素质。

任何成功者都离不开自信。因为高效的工作需要自信来铺路。没有人喜欢软弱的、不果断的人，这种人办事时好像根本不知道自己在乎什么或要干什么，因此他们成功的机会也就很少。

众多的人在沟通中缺乏信心的一个重要原因就是不知道在与什么人打交道。就像一位普通技工要修理陌生的汽车发动机时，他总会犹豫不决，每一个动作都表明他缺乏信心；而一位高明的技工，由于他了解了发动机的原理，他的每一个动作都流露出自信。我们的沟通也是同样的道理，我们越是了解对方，与他们打交道时信心就越足。

人们往往非常在意自己的缺点，甚至有很多人认为自己一无是处，是无用之人，就像童话故事中的"丑小鸭"。这也是有些人在沟通中缺乏自信的根源。

事实上，任何人都不可能"一无是处"的。在每个人的身上，都同时存在着缺点和优点，关键在于是否善于从自己身上找出这些优点和长处。

也许我们都有这样的经历：当你要到一流的饭店赴宴时，必定将自己最华贵体面的服饰穿戴起来，尽管你平时不修边幅。其实，再华贵的高级场所，也没有身着便服不得入内的规定，只是我们为了要在心理上武装一番，借以强化自我，力求达到与一流饭店这种高级场所的平等关系。

在沟通中当你缺乏信心时，不妨也穿戴上最华贵的"服饰"，找出足以荣耀自我的优点，那么你将不会感到低人一等，不会再自卑了。所以，尽量找出自己的长处，即使是自认为不值一提的特长，利用自我扩大法，扩大成足以自豪的优点，借以缩短双方的心理距离，这样就能增加自己的自信心。

　　人们要培养自信心，就要明察自己的长处和短处。善于发现自己的短处，并以顽强的毅力加以克服，同样也可以增强自己的自信心。

　　美国总统罗斯福在8岁时身体虚弱到了极点，呆滞的目光露着惊讶的神色，牙齿暴露在唇外，并不时地喘息；在学校里老师让他读课文，他便颤巍巍地站起来，嘴唇翕张，吐词含糊而不连贯，然后颓然坐下，生气全无，真是典型低能儿童。一般的低能儿大都神经过敏，如果稍受刺激，情绪便会受影响，处处恐惧畏缩，不喜欢与人沟通，顾影自怜。但罗斯福并不如此，他虽有天生的缺陷，同时他也有顽强的毅力，他抱着人定胜天的信心，不静待幸运从天而降，而是努力地去追求。他和其他孩子一样去骑马、划船，做剧烈的运动，以锻炼他虚弱的身体；他以坚毅的态度和忍耐的精神，去克服他畏怯的天性。终于在入大学之前，他获得了极大的成功，成了一名人们乐于接近、精神饱满、体力充沛的青年。

　　罗斯福成功的关键只有一点：高度的自信心。

二、要自信更要谦逊

　　自信是解决问题所需的首要的心理素质，但在自信的同时，更要时刻保持着谦逊的态度。始终表现出谦逊的态度是处理人际关系的一种途径。如何与对方相互影响，并能够合作共处，要取决于下面两点：

　　一是你应该做那些对交往双方都有好处的事情，并且它对全局工作也有好处。

　　二是你的方法对处理所有的关系都是有建设性的，能够让大家更好地工作，当然这里面绝不掺杂个人好恶。

　　在上面的两点中都体现着谦逊，而一贯谦逊是不能讲条件的，如"如果你帮我，我才会帮你"，或者"你一次也没有帮助过我，所以，现在我也不会帮助你"。同时你要注意的是，不是仅对那些你喜欢的或和你相处融洽的人，才表现出谦逊，而对其他人则表现出不谦逊。你要一如既往地保持谦逊的品质。

　　实际上，在和他人共事时，尤其是在冲突中，一贯谦逊的方式遵循着双赢法则。双赢的意思是解决问题要尽可能对双方都有好处，同时还要维持互相谦逊关系。换句话说，在互相谦逊的基础上，互惠互利。

在人际交往中谦逊能够帮助你避免后悔自己所说的话。受挫和愤怒的行为让你说些你本来不想说的话，当你用谦逊的方式解决问题时，会让你三思而后行，这样就能控制自己的情绪了。

谦逊的态度为解决问题，尤其是解决和他人的冲突奠定了坚实的基础。下面的重要原则是处理你所遇到的日常关系的方法：

1. 合作共处

合作共处是指把与你合作的人看成是伙伴，而不是对手。他们不一定要成为你的朋友，但要注意，无论什么时候和他们发生分歧，他们都不是你的敌人。你要合作，而不是对抗。解决问题时，让对方成为合作者，比成为对手要好。如果你们合作了，问题的不同意见或分歧，就会得到解决，而不会变成斗争。

2. 理解对方

理解对方意味着你在交谈中要做到积极倾听，这样你才能真正理解对方所要说的话，尤其是在冲突环境下。首先，你要学会倾听，并理解别人，而不是极力表达你自己的观点，这是消除紧张、解决问题的关键。

3. 建立潜在的长期关系

俗话说"不要过河拆桥"，简言之，做事情，不要让别人受到伤害和侮辱，因为迟早你会再遇见那些人，他们不会忘记你对他们曾经做过的事情。这条原则就是要把关系看成长期投资。

4. 解决问题不责备他人

虽然有些问题是因人为产生的，但是因为问题而责备他人是毫无用处的，责备人他会让对方对你产生仇视和不信任的心理。和他人一起处理问题才是最佳解决办法，才能够找到对方也支持的有效方法。

掌握上述方法，你会变成一个自信而谦逊的人，在人际沟通中，必定会更好地与他人相处。

三、体现自信的小建议

自信是需要在每时每刻的生活中训练出来的，如果熟练的专业技能和得体的装扮，仍然无法带给你足够的自信，那就需要更多的自我表现。

以下有10个小技巧，可以多加练习，直到自信流露在你的举手投足间为止。

1. 想象自己是完美的化身

这是许多名模、影星在表演之前惯用的伎俩，同样适用于职场。面对大客户或提案，先静坐，回味曾有的愉悦感觉，比如回想曾经聆听的悠扬乐章，越具体效果越好。

2. 以拥有者的态度走入每间屋子

走路的姿态常不自觉地泄露你的秘密，昂首阔步，抬头挺胸，仿佛一切都在你的掌握中。想象你拥有这个空间，当你举步时，回想过去曾有的自信满满的感觉。

3. 仿效偶像

学习你所仰慕的人具有的美好特质，可以是演员张曼玉或钟楚红，也可以是政治家或外交家撒切尔夫人，只要她具备你所希望拥有的特质，均可模仿。

4. 练习大胆表现自我

把自信心视为肌肉，需要持之以恒地锻炼，如果稍有懈怠，它很快会松弛。和不期而遇的人进行一对一交谈，是很好的开始，从和水电工、超市收银员接触开始吧！

5. 以得体的装扮加深留给他人的印象

选择适合自身气质的服装、发型、化妆品，展现完美精确的专业形象。特别在颜色搭配上应多注意，不同的色彩有不同的语言，可以善加运用。深色系代表权威信赖；亮色则引人注目；暖色系则传递温柔且易于亲近的信息。如果你想增加自信与亲和力，不妨选择深色服装，搭配浅色丝巾或围巾等。切忌穿着过于暴露或大胆的服装，例如紧身短裙或V领低胸上衣，这样不仅容易让人想入非非，也会使你因怕穿帮而分心。

6. 向你的焦虑妥协

掌握害怕的根源。害怕时会有生理反应，是冒冷汗或呼吸急促，当你知道所有可能会有的征兆，就可以通过一些放松的小技巧克服它。

7. 说话时语气要坚定

大部分女人都有说话过于急促、细声细气的毛病。说话的诀窍在于音量适当、语调平稳,速度不缓不急,此举显示你对说话的内容信心十足,利用呼吸换气时断句,可以避免许多不必要的语病,内容显得流畅有条理。切忌以疑问句结束陈述事实的语句,以免影响语气的坚定。

8. 以恰当的态度接受恭维

大部分女性都有所谓女性自我贬抑倾向,总是习惯性地将别人的赞美向外推拒,如此一来,很容易将自己由主动参与者转换成被动接受者,这是很不明智的行为。下次当有人恭维你时,记得以"谢谢"来代替"你太客气了"或"那其实很简单"这类的客套语,太谦虚也会有损你的自信。

9. 准备犯几个小错误

为了得到你想要的东西,有时可能要稍微受一些痛苦,但不要自轻自贱。如果在有把握之后才去行动,就会一事无成。你在行动时随时都可能犯错误,你所做的决定也难免失误,但是我们绝不能因此而放弃我们追求的目标。你每天都必须有勇气承担犯错误的风险、失败的风险和受屈辱的风险。走错一步总比在一生中"原地不动"要好一些。你一向前走就可以矫正前进的方向,大部分人并不知道他们实际上有多勇敢。事实上,很多潜在的成功者一生都在对自我的不信任中度过了。如果他们知道自己潜在的能量,那将有助于他们产生解决问题、克服危机的自信心。记住你有这种能量,但若不付诸行动、不给它们释放出来为你服务的机会,你永远不会发现这些能量。

10. 处理"小事情"也要鼓足勇气,采取大胆的行动

不要等到出现重大危机时再去当大英雄。日常生活也需要勇气——在小事情上锻炼勇气,才能培养出在更重大的场合勇敢地行动的力量和才能。

做人感悟

<u>越自信,处理冲突越容易。</u>

尽快同意反对你的人

有人说，团队合作是一项复杂的工程。当团队的人数为2的时候，团队关系只有一种：A与B的关系。当团队人数增加到3的时候，你猜团队关系有几种？答案是令人吃惊的：6种。除了3个人彼此之间的3种关系外，还应该包括每个人与其他两个人之间的3种关系。如此类推，当团队人数增加到4的时候，团队关系就增加到24种；团队人数增加到5的时候，团队关系就增加到120种。

团队关系的复杂使得个体与个体之间矛盾发生的概率大大增加。当遇到不同意见或者观点的时候，我们应该怎么做呢？

是让东风压倒西风？还是臣服于对方的膝下？或者是以合作的心态面对？

我们应当尽快同意反对你的人。

当然，尽快同意反对你的人的意思并不是让我们一味屈服于他人或者放弃自我，而是让我们首先接纳对方，然后在尊重、合作的气氛中积极寻求问题的答案。也就是说，无论在与客户、竞争对手的交流中，还是在与同事、上司的谈话中，都尽量不要指出对方的错误，而是先使用"以柔克刚"的技巧，尊重对方，接纳对方。在古老的埃及有一位名叫阿克图的国王，在他把王位传给自己的儿子时，他给儿子的忠告是："圆滑一点，它可使你予求予取。"这和我国古人所说的"欲取之，先予之"有异曲同工之妙。

其实，任何人都不希望自己的错误被他人明确地指出来。当我们有足够的理由相信他人的话语不合情理的时候，如果我们把这一点明确地指出来，那么，我们与他人之间的关系很难融洽在一起。我们应该做的是尽可能地保存他们的颜面，例如，我们可以通过询问的方式让对方意识到这一点，这无疑可以为你们将来的关系奠定良好的基础。

其实，如果我们再仔细考虑一下，这种观点确实有许多可取之处。如果与我们交流的对方错了，那么，我们不需要严肃地指出，因为事实总会证明他的错误；如果他是正确的，那么，我们应该坦然承认他的正确和自己的错误。无论是哪种做法，都比激烈的争辩要好得多。

如果我们发现自己错了，就应该坦然承认；如果我们能做到这一点，我们发现，气氛一下子就会缓和下来。因为我们是站在对方的立场思考问题的，没有人会反驳自己。因此，他也会和你站在一条阵线上帮你说话，这样，合作的气氛就会在你的自责声中营造起来。

如果我们意识到我们可能会遭受他人的责备，我们不如早一步承认自己的错误，这样反而会让自己免受他人的批评。毕竟，在责备自己的时候，我们可以掌握其中的分寸；而在接受他人批评的时候，我们就无法控制了。

做人感悟

把他人要批评和责备的话抢先说出来，那样的话，对方很可能会以宽容和谅解的态度对待你，并且宽恕你的错误。

避免成为别人的仇人

当西奥多·罗斯福入主白宫时，他承认如果能有75%的时候不出错，就达到了他的最高期望标准。

如果这位20世纪最杰出人物的最高希望也只是这样，那何况你我呢？

如果你能确信你有55%的正确率，你大可以去华尔街，一天赚个100万美元。如果你没有这样的把握，你又凭什么说别人错了？

无论你用什么方式，例如用眼神、声调或手势，指责别人说他错了，就像用话一样来明显地说他错了，你以为他会同意你吗？绝对不会！因为你直接地打击了他的智慧、他的判断力、他的自豪和自尊。这只会使他起来反击，但永远不会使他改变他的看法。即使你搬用所有柏拉图或康德式的逻辑与他辩论，也改变不了他的看法，因为你伤了他的感情。

永远不要这样说："我要给你证明这样……"那就会把事情搞砸了。因为那等于在说："我比你聪明。我要告诉你怎样怎样，使你改变看法。"

那是一种挑战。那只会引起争端和反抗，使对方甚至根本不听你下面的话就和你争论起来。

即使是在最温和的情况下，也不容易改变别人的主意，那么更何况在其他情况下呢？你为什么要自找麻烦呢？

如果你想要证明什么事，大可不必声张宣扬，而要讲究策略方法，不要让任何人看出来，使其在不知不觉中接受你的观点。

"教导他人时，不能使其发现是在受教导；指出人所不知的事，使其觉得那只是提醒他一时忘记了的事。"

300多年前，意大利著名天文学家伽利略说："你不可能教会一个人所有的事情；你只能帮助他自己学会处理这种事情。"

这正如英国19世纪的著名政治家查斯特菲尔德对他儿子所说的："如果可能，应该比别人聪明；但绝不能对人说你比他聪明。"

卡耐基这样说过："除去乘法表之外，我现在几乎不相信我20年前所相信的任何事，甚至当我再读爱因斯坦的书时，我也开始产生怀疑。如果再过20年，我或许就不再相信我在这本书中所说的话了。我现在不像从前那样轻易确定任何事了。"

苏格拉底在雅典一再告诫他的门徒说："我只知道一件事，那就是我什么也不知道。"

我可不敢奢望比苏格拉底更高明，所以，我也尽量避免告诉别人说他们错了。我发现这么做很有帮助。

如果一个人说了一句你认为错的话，即使你能肯定那是错的，但你这样说也许最好："噢，是这样的！不过我还有另一种想法，但我也许不对。我总是会出错。如果我错了，还请你指正，且让我们来看看问题的所在。"

用这类话，如"我也许不对"，"我常常会出错"，"且让我们来看看问题所在"，确实会收到神奇的功效。

无论在什么地方，永远不会有人反对你说："我也许不对，且让我们来看看问题的所在。"

那就是科学家所做的事。有一次我访问著名的探险家、科学家史蒂文森，他曾在北极圈一带居住了11年，其中有6年时间除兽肉和水之外，再也没有其他食物。

他告诉我他所做的某一个试验。我问他想借此来证明什么?他的回答我永远忘不了。他说:"一个科学家永远不打算证明什么,他只是在尽力寻求事实。"

你希望使你的思想科学化,是不是?那好,除非是你自己,否则没有人会阻难你。

我班上有一位名叫哈尔德·伦克的学员,他在道奇汽车公司担任蒙他拿州比林斯郡代理商。他就在自己的工作中采用了上面这种有效的方法。他说在汽车销售行业,压力非常之大,因此他以往在处理顾客抱怨和纠纷时,常常以自我为中心,不考虑顾客的利益,结果总是发生冲突,导致生意锐减,同时还会出现其他不愉快的事情。

于是,伦克开始改变策略。他在班上这样说道:"当我确信这样做对我并没有什么好处时,我就开始尝试另一种方法。我这样对顾客说:'我们确实犯了许多错误,真是万分抱歉。关于你的问题,我们也可能有错误,请你告诉我。'"

"这个办法在解除顾客的对立情绪方面很是有效。等他们平静下来之后,他们往往会很讲道理,于是问题也就容易解决了,甚至还有许多顾客来向我表示感谢,因为我这种态度让他们感到了被尊重。其中两个人还把他们的朋友介绍到我这里来购买新车。在这种竞争激烈的商场上,我们当然需要更多像这样的顾客。我认为尊重顾客的所有意见,并且采取灵活的、有礼貌的方式来处理的话,就会有成功的希望。"

如果你能承认或许是你错了,那么你永远不会惹来麻烦。这样做,你不仅可以避免所有的争论,而且还能使对方和你一样的宽宏大度,承认他也难免会犯错。

如果你确实肯定某人错了,你就直接地告诉他,那么结果会怎样呢?我可以举一个特殊的例子来说明。

某先生是纽约一位青年律师,最近参加了由美国最高法院审理的一个重要案件的辩论。这一案件涉及一大笔金钱与一项重要的法律问题。

在辩论中,最高法院的一位法官对某先生说:"《海事法》的追诉期限是6年,是不是?"

某先生顿时有些吃惊,他注视该法官许久,然后直率地对他说:"审判长,《海事法》中没有关于追诉期的条文。"

"法庭立即寂静下来,"某先生后来在我的辅导班中叙述他的经历时说,"法庭中的温度好似降到了零度。我是对的,这位法官是错的,而我也如实地告诉了他。但那能够使他变得更加友善些吗?不。尽管我相信法律可以作为我的后盾,而且我也很清楚当时我的发言比以往任何时候都更加精彩,可是我并没有说服他。我犯了个大错,当众指出一位学识渊博的、极有声望的人错了。"

很少有人会进行逻辑性的思考。我们之中的大多数人都犯有主观的、偏见的错误。多数人都有成见、嫉妒、猜疑、恐惧,以及傲慢等许多缺点。所以,如果你习惯于指出别人的错误的话,就请你在每天早餐以前,坐下来读一读下面这段文字。它摘自詹姆斯·哈维·鲁宾逊教授那本极具启迪意义的《决策的过程》一书。

"有时候我们会在热情或冲动之下改变自己的思想,但是如果有人指出了我们的错误的话,我们反而会固执己见,并迁怒于对方。我们会在无意识中改变自己的某种观念。这种行为完全是潜移默化,不被我们注意的。但如果有人要来指正我们这种观念,我们反而会极力维护它,使其不受侵犯。很明显,这并不是由于那些观念本身非常宝贵,而是我们的自尊心受到了伤害……在为人处世时,'我的'这简单的两个字,是最重要的词。妥善适当地用好这个词,才是智慧之源。无论是'我的'饭,'我的'狗,'我的'屋子,'我的'父亲,还是'我的'国家,这些都有着同样的力量。我们不但不喜欢别人说我的手表不准,或我的汽车太破旧,也不喜欢别人纠正我们对于火星上水道的模糊的概念,对于E.Pictetus一字的读音,以及对于'水杨素'药效的认识,或对于亚述王利亚大帝生卒年月的错误……我们总是愿意相信以往所习惯的东西,当我们所相信的任何事物受到怀疑时,我们就会产生反感,并寻找各种理由来为它辩护。结果呢,我们所谓的理智、所谓的推理等等,就变成了维系我们所惯于相信的事物的借口。"

著名心理学家卡尔·罗吉斯在他写的《怎样做人》一书中说:"当我尝试了解别人的时候,我发现这实在是太有意义了。你对我这样说也许会觉得很奇怪,会想我们真的有必要去这样做吗?而我以为这是绝对必要的。

我们听别人说话的时候，所做的反应一般是进行判断或评价，而不是试图去理解这些话。当别人说出他的某种感觉、态度或者信念的时候，我们总是会做出各种判断：'不错'、'太可笑了'、'这正常吗'、'这不合乎道理'、'这太离谱了'、'这可不对'……而我们很少去真正了解这些话对别人有什么意义。"

有一次，我雇了一位室内装饰设计师，为我家中装一些窗帘。当账单送给我时，我大吃一惊。

过了几天，一位朋友来我家，他看到这窗帘，问了问价钱，然后带着得意的口气大叫："什么？简直太过分了。我想你大概上了他的当。"

真的吗？是的，他说的是实话，但很少有人愿听别人羞辱自己判断力的实话。所以，受习惯的驱使，我开始竭力为自己辩护。我说最好的东西总是最贵的，一个人不可能希望用便宜的价格买到既品质优良，又具有艺术特色的东西，等等。

第二天，另一朋友来我家。她很热心地赞赏那些窗帘，并表示她也希望自己有能力为家里安装这么精美的窗帘。我这时的反应完全不同了。"哦，说老实话，"我说，"我也没钱买那些窗帘，它们实在太贵了。我现在还后悔买了它们。"

当我们犯错的时候，我们或许会自己承认。如果对方待我们非常和善友好，我们也会向别人承认，甚至会对我们自己这种直率坦诚而感到自豪。但如果有人硬是要将难以下咽的东西塞进我们的喉咙，那可办不到……

美国发生南北内战时，最著名的编辑哈里斯·格里莱激烈地反对林肯的政策。他相信用辩论、讥笑、诟骂等办法可以迫使林肯同意他的观点。于是他月复一月、年复一年地持续使用这种苛刻的办法。就在林肯遇刺的那天晚上，他还写了一篇文风粗暴而苛刻的文章来讽刺攻击林肯。

但所有这些尖刻的攻击使林肯妥协了吗？丝毫没有。讥笑、谩骂永远于事无补。

如果你想要得到一些关于待人处世、自我控制、增进品德修养的有益建议，不妨读一读本杰明·富兰克林的自传——这是一本极吸引人的传记，也是美国文学史上的名著之一。

在这本自传中，富兰克林讲述了他如何克服好争辩的陋习，使他成为美国历史上最能干、最和蔼、最善于外交的人。

当富兰克林还是一个冒失的青年时，有一天，教友会一位老教友将他拉到一边，用尖酸刻薄的话训斥了他一顿。那几句话大致如下：

"你可真是无药可救。你嘲笑、攻击每一位和你意见不同的人。你的意见太不实际了，没人接受得了。你的朋友甚至会觉得，如果你不在场的话，他们会更加自在。你知道得太多了，没有人能再教你什么东西了，而且也没有人愿意去做这种费力不讨好的事。所以你不可能再学到新知识了，而你现在所知却又十分有限。"

富兰克林最大的优点之一，是他接受那尖刻责备的态度。尽管他已经成熟，也很明智，但他能领悟到那是事实，并发现这样下去的话，他将面临前途及社交失败的危险。于是，他改掉了陋习，立刻抛弃了他的骄傲、固执的态度。

"我订下一条规矩，"富兰克林说，"绝对不许武断，不允许伤害别人的感情，甚至不准说'绝对'之类肯定的话。我甚至不允许自己在语言文字中使用过于肯定意思的字眼。我不再说'当然''无疑'等等，而代以'我想''揣度'，或'我想象'一件事可能是这样或那样，或'目前在我看来是这样'。当别人肯定说了些我明知其错误的话，我也不再冒冒失失地反驳他，不再立即指出他的错误。我会在回答时，先说'在某种情况下，你的意见不错；但在现在的条件之下，我认为事情或许会……'等等。很快我就看出我这种改变态度的收获，我所参与的许多谈话，气氛都愉快融洽多了。我以谦逊的态度表达自己的意见，不仅让人更容易接受，而且还减少了一些冲突。当我犯了错误时，我也很少会难堪，而我自己碰巧对的时候，更容易使对方不再固执己见而赞同我。"

"我最初采用这种方法时，的确与我的本性相冲突，但是后来时间一长也就越来越习惯了。在过去50年中，可能还没有人曾听到过我说出一句太武断的话。当年我提议新法案或修改旧条文的时候，之所以能得到民众的重视，并且当我成为议员后能具有相当大的影响力，这大都要归功于这一习惯。虽然我并不善于辞令，也没有什么口才，谈吐也比较迟缓，甚至还会说错话，但一般来说，我的意见还是得到了广泛的支持。"

如果将富兰克林的方法用在商业领域中，效果将会如何？我们可举三两个例子：

凯瑟琳·阿尔弗雷德是北卡罗来纳州王山市一家纺纱厂的工程总监。她在我班上讲述了她接受训练之前和之后，处理敏感问题的不同方法：

"我工作的一部分，"她介绍说，"就是设计并保持各种方法和标准，来激励公司的员工，促使员工能生产更多的纱线，而她们也可以由此挣更多的钱。当我们只生产两三种纱线时，我们采用的方法和标准还算过得去。但我们最近扩大了项目，提高了生产量，计划生产12种以上的纱线，这时原来的方法就不管用了，员工既不能按要求生产出需要的纱线，而且她们也拿不到原有的报酬了。于是，我设计了一套全新的标准，这样员工可以根据她们生产的纱线质量，获得合理的报酬，产量也将会随之上升。我在一次会议上向公司的主管层介绍了这套新标准，并希望他们也相信它是正确的。为此，我从各方面指出了以前那套老办法的错误之处，希望得到他们的赞同。可是，我完全错了！我急于为新的方法做辩护，没有给这些人留面子，使他们认识到以前的错误。这样，我的新标准还没被采用就寿终正寝了。"

"我参加了这个辅导班几堂课之后，就意识到了我所犯的错误。我建议再召开一次会议。在这次会议上，我请他们指出问题到底出在何处。我们就每一个要点展开了讨论，并请他们拿出解决方案来。而我则在适当的时候，引导他们按照我的思路来提建议。当会议结束时，我所要提的方案实际上也就出来了，而他们也非常赞同这套方案。"

"现在，我相信如果你径直指出某个人的错误，那么不仅不会收效，而且还会适得其反。你指责别人，是在剥夺别人的自尊，并使自己成为不受欢迎的人。"

"纽约自由街114号的麦哈尼，是一位专门经销石油专用设备的商人。有一次，他接到长岛一位重要顾客的一大笔订单。图样送上去之后，很快就得到了批准，机件也正在制造中。但是不久发生了一件不幸的事情：这位买主与他的朋友们说起这事，但这些朋友都警告他，说他犯了个大错误，他上了麦哈尼的当；说一切都搞错了，这个太宽，那个太短，这个太这样，那个太那样……他的朋友们说得他发起脾气来，于是他打电话给麦哈尼，发誓他绝不接受已经在做的机件。"

"我仔细地检查了各个细节，可以肯定我们确实没有失误，"麦哈尼先生事后讲述这件事时说，"我也知道他和他的朋友们并不懂这些，但我觉得这样告诉他将是件危险的事。于是我去长岛看他。当我走进他的办公室时，他立即跳起来走近我，怒吼连连。他十分激动，一面说一面挥舞着拳头。他指责我和我的机件。最后他说：'好吧，现在你打算怎么办？'"

"我极其平静地告诉他，他说什么我都愿意照办。'你是出钱买东西的人，'我说，'所以你当然应该得到你所要的合适的东西。可是这事总要有人负责才行。如果你认为你是对的，请给我们一张样图，虽然我们已经花了2000美元为你做这机件，但我们宁愿承受这2000美元损失，以使你满意。但我要提醒你，如果我们按你原来的样图去制造，你就必须负责。但如果你让我们按原来的计划进行——我们相信原计划是对的——对这件事我们可以负全责。'"

"这时候，他已经平静下来。最后他说：'那好吧，照原计划做吧。但如果出了错，就只好乞求上帝保佑你了。'"

"结果我们生产的机件完全符合要求。于是，他答应再和我们订购本季度第二批同样的货物。"

"当这位主顾侮辱我，对我挥舞拳头，说我一窍不通时，我尽了自己最大努力来克制自己，使我不去和他争论。那的确需要极大的自制力，但是很值得。假如我说他错了，并开始和他争论，那将会引起双方的反感，还会造成经济损失，并且失去一位重要的顾客。我深信，用这种方法指出一个人的错误，太不合算了。"

让我们另外再举一例——别忘了，我所举的这些例子，代表了成千上万人的经验。克洛里是纽约泰勒木材公司的推销员。克洛里承认，他多年来总是对那些脾气大的木料检验员挑毛病，指出他们的错误，而他也常常在辩论中取胜。但这对他一点好处都没有。"因为那些木材检验员，"克洛里先生说，"和棒球裁判员一样，一旦他们做出裁判，就决不再更改。"

克洛里先生发现因为他争辩得胜而使他的公司损失了成千上万的收

第六篇 ◆ 掌握化解矛盾的沟通技巧

人。所以，他在参加我的辅导班时，他决定改变方法，放弃辩论。结果如何呢？下面是他对同班学员的叙述：

"有一天早上，我办公室的电话响了。一位气恼万分的顾客在电话中抱怨说，我们送到他厂里的一车木料，完全不合乎他们的要求。他的公司已经停止卸货，并要求我们立刻将这些木料从他们那里运走。他们的木料检验员说，在木料卸下1/4之后，发现有55％不合格。在这种情况下，他们拒绝接受这批货物。"

"我立刻动身去他的工厂。在路上，我一直在想着处理这种情况的最好方法。在这种情况下，我一般会引用木材等级的规则，并以我自己担任检验员的经验与知识，来说服那位检验员，让他相信木料确实符合标准，是他在检验时误解了规则。不过我想我还是试试我在班中所学的那些原则。"

"当我到了工厂时，只见采购经理及木料检验员一脸的不高兴，一副准备争辩的样子。我们走到正在卸货的卡车边上，我要求他们继续卸货，让我看看具体情况。我请检验员照常检查，把不合格的木料放在一旁，合格的则另放一堆。"

"看了一会儿以后，我发现他的检查确实太挑剔了，而且他又误解了规则。这次的木料是白松，我知道这位检验员在硬木方面知识丰富，但在检验白松这类木料时却经验不足。检查白松正是我的特长，但我是不是对他分等级的方法提出了反对意见呢？绝对没有。我继续观看，渐渐地开始问他为什么有些木料不合格。我丝毫没有暗示这位检验员他错了。我郑重地向他表明，我之所以问他，只是希望将来能以他们要求的标准给他们公司供货。"

"用一种友善合作的精神向他请教，并坚持让他们将不满意的木料挑出来，结果他很高兴，最终效果很好，而我们之间紧张的关系也开始缓和下来了。不过我也会时不时地提醒他几句，使他觉得在拒收的木材中，实际上有些还是符合他们的标准的，而他们的检查实际上提高了等级标准。但是我非常小心，不让他知道我指出了这一点。"

"渐渐地，他的整个态度有所改变。最后他承认他对于白松并没有多少经验，并在每块木板从车上搬下来时问我是否合格。我就向他解释为什么这块是合乎标准的。但我仍然对他说，如果他认为不合他们的需要，他们可以不接受。终于，每当他挑出一块他认为不合格的木料时，他都有些感到不安了。最后，他意识到了他的错误，那就是他们事先没有规定所需木料的等级标准。"

"最后的结果是，他在我走之后，重新检验了全车木料，并且全部接受，我们收到了一张全额支票。"

"就这一件事来看，讲究一点技巧，尽量不去指责对方的错误，可以使我公司减少一大笔收入损失，而我们给人留下的良好印象，更非金钱所能衡量。"

有一次，有人问马丁·路德·金——这位和平运动的提倡者，为什么他那么崇拜当时官阶最高的黑人将军丹尼尔·詹姆斯，他回答说："我判断别人，是根据他们的原则，而不是我自己的原则。"

同样，美国南北内战时期，一位将军当着南部联邦"总统"杰斐逊·戴维斯的面，极力赞扬他的一位下属军官。另一位在场军官十分吃惊地说："你知道吗，将军？你所称赞的那个人对你可不客气呀！他总是动不动就攻击你。""是的，"这位将军回答道，"但总统问的是我对他的看法，而不是他对我的看法。"

换言之，不要同你的顾客，或你的对手争辩。不要指责他错了，也不要刺激他，而是要讲究一点儿策略。

做人感悟

<u>要使别人赞同你，那就尊重别人的意见，千万不要随意指责别人的错误。</u>

如果不能打败他们，就和他们结合

我们知道，每一个团队中的每个成员都是充满智慧和力量的个体，除非我们能够把每个成员的智慧有机地融合在一起，否则一加一的结果不一定大于二。在考虑我们自身利益和兴趣的同时，我们也应该考虑到团队其

他成员的利益和兴趣；同时，我们应该把自己和其他成员看作团队资源的一部分，而不是一个个独立的个体。总而言之，在考虑任何问题的时候，我们都应该说"我们"而不应该说"我"。

尤金·威森是纽约最负盛名的画室推销员，据说，他曾经创下平均每天销售一间画室的纪录，至今仍然无人打破。

可是，许多人不知道，在成为一名出色的销售人员之前，尤金·威森的生活并没有现在这样顺利。当时，他的工作主要是向服装设计师推销各种花样的画室。在开始自己的销售工作之前，他总是设计出一些画室的草图，然后带着自己的得意作品去拜访纽约的著名服装设计大师。

尽管这些服装设计大师对于尤金·威森的来访并不拒绝，然而，他们也从来没有对这些草图产生过浓厚的兴趣。在他们把这些草图大致浏览一番之后，他们通常会说："威森先生，你的作品非常出色，但是，我觉得并不适合我。我看，我们今天就谈到这儿吧。"

尤金·威森觉得非常奇怪，因为他的草图中不乏呕心沥血之作，而且他也可以看出，这些服装设计大师肯定对其中的某个部分感兴趣。可是，为什么他们总是不愿意购买呢？

经过了多次的失败之后，尤金·威森决定改进自己的销售方法。他认为，首先应该从学习如何增进人际沟通入手，学习为人处世的哲学。

不久之后，他发现了一种非常有效的方法，决心把它付诸实践。于是，在下一次的销售中，他并没有把那些已经完成的草图带在身上，而是把一些尚未完成的作品拿给那些服装设计大师："请看，这是一些尚未完成的草图。我想让您提出一些宝贵的意见。您认为，我们应该怎么做才能让您更满意呢？"

这些服装设计大师往往会说："你让我详细看看，过几天你再来取这些草图吧。"几天后，尤金·威森依照约定来找这些大师，他们会给尤金·威森提出一些建议，然后尤金·威森会按照这些大师的建议把草图完成。当尤金·威森再次把完成的草图展示给这些服装设计大师的时候，他们就完全接受这些作品了。

从那个时候起，尤金·威森的草图销售率已经接近了百分之百。他深有感慨地说："我现在才明白，这么多年来，为什么我的销售业绩一直提不上去。以前，我总是催促他们买下他们根本不希望得到的东西。而现在则不同，我和他们之间完全是一种合作的关系。他们把自己的想法告诉我，而我按照他们的想法创造出作品，可以说，这样的作品不是我完成的，而是我们完成的，这就是最大的差别。"

合作策略不仅对个人有效，对企业也大有裨益。1983年，美国最大的汽车公司通用汽车公司和日本丰田汽车公司合作组成了一个联合公司，在加州的雷蒙德工厂合作生产汽车。之前，这两家企业是汽车市场上杀得你死我活的竞争对手，尤其是美国市场更是如此。日本企业凭借低廉的价格逐渐蚕食着美国的汽车市场，而美国企业眼睁睁地看着自己的地盘一点点地丧失却又找不出合适的应对之策。

这次的合作，无疑是二者寻求双赢的一次握手言欢。

通用汽车公司总裁劳格·史密斯首先向日本丰田提出了合作组建联合公司的建议。在劳格·史密斯看来，日本企业的成本优势是美国企业近期无法赶上的，而通用汽车公司所采用的种种革新策略在短期内也没有发挥应有的作用。从长远的观点来看，与日本丰田联手合作，可以借鉴日本企业的管理模式，最大限度地降低企业的生产成本，提高企业的管理经验，从而在竞争激烈的市场中获胜；而在日本丰田看来，通过与通用汽车公司的合作，他们也可以轻松地避过美国贸易保护的壁垒，赢得更高的利润。也许，这恰恰应验了卡耐基的那句名言——"如果不能打败他们，就和他们结合"。

做人感悟

<u>学会合作比学会竞争更有用。</u>

从抱怨中发现问题

美国管理学家小克劳德·乔治说："有效地进行适当的意见交流对一个组织的气候和生产能力会产生有益的和积极的影响。"有抱怨并不可怕，因为我们可以从中发现很多需要改进的地方，这对于你个人或是企业来讲都是有益的。

员工对公司有抱怨、不满，有利益摩擦，经理绝对不可掉以轻心，漠然视之。员工虽然不会因为心存抱怨而愤然辞职，但是他们却会在其抱怨无人听取又没人考虑的情况下辞职。因为他们感到自己的人格受到了侮辱，感到无法接受。如果你希望员工愉快、满腔热情地工作，你就应当多花点时间倾听他们的诉说。多花点时间听一听员工的抱怨，对你是有益无害的。

你的员工常会对工资、工作条件、同事关系以及同其他部门的关系发出怨言。如果认为员工对某一事情表示不满，就表明此人对公司和管理部门甚至对你个人极为怨恨，那你就大错特错了。抱怨是在老板对待员工方式不当时发出的怨言。不满并不意味着不去想。实际上，正是抱怨和不满，才会使你意识到公司里可能还有其他人也在默默忍受着、抱怨着同样的问题。在这种情况下，生产效率肯定会受到严重的影响。

有抱怨并不可怕，可怕的是不能从中发现问题，不去解决问题。面对员工抱怨，你必须谨慎地处理，不可置之不理，轻率应付。

面对抱怨，你最好要做到以下几点：

一、要查明原因。如果员工对薪资制度有抱怨，可能是因为公司薪资在同业中整体水平偏低或某一些职位薪资不尽合理。经理要找到员工抱怨的原因，最好听一听他的意见。倾听不但表示对投诉者的尊重，也是发现抱怨原因的最佳方法。

二、你要设身处地，变换角色地想想事情为什么会发生，避免因操之过急而引起的矛盾激化。你应当作出一种姿态：向员工的抱怨敞开大门。即使一时没空，也要约定一个时间让他来说。不要当即反驳下属的怨言，要让他们先诉为快。

三、如果抱怨的对象中有其他员工，你必须同时听取另一方的意见，以便公正地解决问题。如果你打算解决问题，就请立即采取行动。如果你不准备采取什么行动，也应告诉抱怨者其中的原因。

四、在面对员工的抱怨时，你需要有耐心和自我控制力。尤其是员工的抱怨牵涉到你，使你感到很尴尬时，更需要有极大的耐心和自我控制能力。

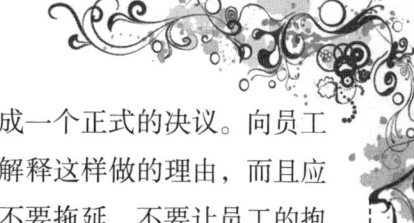

五、对于员工的抱怨,在处理时,应当形成一个正式的决议。向员工公布,在公布时要注意认真详细、合情合理地解释这样做的理由,而且应当有安抚员工的相应措施,作出改善的行动,不要拖延,不要让员工的抱怨越积越深。

六、在解决员工的抱怨的问题时,高层管理人员有一种"门户开放式政策"。即他们的门户要随时敞开,欢迎各种抱怨的员工直接向他们投诉,他们将全力解决。有人认为这并不起到任何作用,然而这种方式可以使员工随时随地意识到自己利益不受侵犯,能使员工更加努力。

七、你应允许下属越级向更高领导层诉说。因为有些抱怨可能涉及更高的管理部门。当然,你也可以向上级汇报,由你做下属向上司提出抱怨的桥梁。在你的下属向更高领导层诉说前,你也应向上司说明情况,简明扼要地说明内容然后由上司去处理,你不必再插手。

八、在处理员工的抱怨时,要具体情况具体分析具体对待。而且你还要相信员工的忠心。

九、对于员工的抱怨应当作出正面、清晰的回复,切不可拐弯抹角,含含糊糊。如果最终裁决是最高主管作出的,那么你当然应当全力支持,无论裁决是否能圆满解决问题。

做人感悟

　　并非员工的所有抱怨都能得到圆满的解决,因为有些可能违背了公司的政策,甚至是一些错误的、不合情理的抱怨。但是,对于这些抱怨,你也不能漠然视之,你要认真地倾听他们的抱怨,然后再作表示。

有争论才会有发展

　　在日常工作中,领导者与被领导者偶尔会为某件事发生争论,甚至双方会争得面红耳赤。一般情况,在这场争论过后,大多会握手言和,和好如初。

美国迪卡尔财政公司经理狄克逊，在管理方法上提出了"有摩擦才有发展"的观点。一次，在沟通中，狄克逊无意中说了一句话，戳痛了对方，双方在理智失去控制的情况下展开了激烈的争辩，把长期郁积在内心的话都倾吐了出来。然而，这次争吵却使双方真正交换了思想，双方的距离反倒缩短了。从那以后，双方不但坦率相处，关系还有了新的发展。由此可见，有争论不是坏事，有争论却不争论才是坏事。

在人与人之间的关系中，时常会出现"敬而远之"的现象，这种现象使彼此的思想无法进一步沟通。因为越是"敬而远之"，就越无法增加交换意见的机会。如此一来，偏见和误解就会越来越深。如果能在合适的时机，通过一两次摩擦和争论，倒可能使多年的问题得到解决，作为领导者，就应该敢于面对每一次冲突和争论，而不能一味地迁就。因为通过争论，能进一步改善人际关系，使全体员工襟怀坦白、精诚合作。

争论，是由冲突和摩擦而引起的。领导者如果没有这种面对冲突的勇气，没有解决冲突的能力，就难以改变恶化的人际关系，从而也就难以担任部门的领导工作。

正确地对待人与人、人与组织的关系，是公共关系的重点之一。因此，每个领导者都应从全局着想，认真对待每一次争论，正确面对每一次冲突。

作为一名领导者，需要很多技巧和艺术，尤其是在处理与员工之间的关系时，更应当设法让他们佩服你、服从你的领导，从而认真地完成自己的工作。

你与员工之间肯定也会有矛盾冲突、有争论的时候。这种矛盾冲突主要是你们对工作有不同的期望和标准。你希望工作尽快完成，而他们却认为不可能，你对他们的表现很失望，他们也因为没有顺利完成工作而很灰心丧气；员工希望能得到更好的工作条件，你却不能满足他们；还有的员工态度粗鲁……这些情况都会对你的工作造成不好的影响，甚至影响你在员工中的威信。因此，要树立在员工中的威信就必须学会如何化解与员工的冲突，让他们佩服你。

在设法化解与员工的冲突时，你可以先想一下这几个问题：

一、"我和员工的冲突到底是什么？"

二、"为什么会产生这种冲突？"

三、"为解决这个冲突，我要克服哪些障碍？"

四、"有什么方法可以解决这一冲突？"

当你找到了解决冲突的方法时，还要检测这是不是一种有效的方法。另外，你还应当预见到按这种方法去做会出现什么样的结果，以做到心中有数，不至于到时不知所措。当然，如果你感到问题很复杂，还可以找专家咨询一下，或找个朋友谈一谈情况，请他们为你出个主意。

 做人感悟

一位管理者既要学习管理技巧，也要注意培养自己的领导素质，以增强自身的人格魅力，让员工自愿与你积极合作，共谋大事。每一位领导者都应当注意如何增强自身的素质，避免可能出现和解决已经出现的争论，达到最佳的合作状态。

第六篇 ◆ 掌握化解矛盾的沟通技巧

得饶人处且饶人

《郁离子》中讲了这样一个故事：赵国有个人家中老鼠成患，就到中山国去讨了一只猫回来。中山国的人给他的这只猫很会捕老鼠，但也爱咬鸡。过了一段时间，赵国人家中的老鼠被捕尽了，不再有鼠害，但家中的鸡也被那只猫全咬死了。赵国人的儿子于是问他的父亲："为什么不把这只猫赶走呢？"言外之意是说他有功但也有过。赵国人回答说："这你就不懂了，我们家最大的祸害在于有老鼠，不在于没有鸡。有了老鼠，它们偷吃咱家的粮食，咬坏了我们的衣服，穿通了我们房子的墙壁，毁坏了我们的家具器皿，我们就得挨饿受冻，不除老鼠怎么行呢？没有鸡最多不吃鸡肉。赶走了猫，老鼠又为患，为什么要赶猫走呢？"

这个故事包含了这样一个简单的道理：任何事情有好的一面，自然也有存在问题的一面，但是我们应该看其主流。赵人深知猫的作用远远超过猫所造成的损失，所以他不赶猫走。在日常生活之中，如果只是盯住别人的缺点和问题不放，怎么去团结人、充分发挥人才的积极性呢？

孔子说："小不忍则乱大谋。"要做大事，需综观全局，不可纠缠在小

事之中，摆脱不掉。

他人如果做错了一些小事，不必斤斤计较。动辄责骂训斥，只会把你们之间的关系弄僵。相反，要尽量宽待他人，得饶人处且饶人，是缓和与他人矛盾的最基本的原则。

在与人沟通、处理事情的时候，如果一味地强调细枝末节，以偏概全，不抓住要害问题去做工作，就会没有重点，头绪杂乱，不知道从哪里下手做起才是正确的。因此，无论是用人还是做事，都应注重主流，不要因为一点小事妨碍了事业的发展。须知金无足赤，人无完人，我们要用的是一个人的才能，不是他的过失，那为什么还总把眼光盯在那过失上呢？

 **做人感悟**

在与人沟通的过程中，对他人给予宽容，还表现在得罪你的人出现困难时，你也要真诚地帮助他。特别提醒的是要真诚，否则如果让他觉得你是勉强的，他就会觉得很不自在，甚至依然不会领情。如果对方是一个自尊心极强的人，他就会把你的帮助看作是你对他的一种蔑视，一种施舍，从而加以拒绝。

用事实和道理让人心悦诚服

多数人都喜欢坚持相信自己的观点，相信自己的看法和意见是对的，而不希望别人来加以反对。这在心理学上叫做定势效应，是指人们因为局限于既有的信息或认识的现象。人们在一定的环境中工作和生活，久而久之就会形成一种固定的思维模式，使人们习惯于从固定的角度来观察、思考事物，以固定的方式来接受事物。

美国科普作家阿西莫夫曾经讲过一个关于自己的故事。

阿西莫夫从小就聪明过人，年轻时多次参加智商测试，得分总在160左右，属于天赋极高者之列，他一直为此而扬扬得意。有一次，他遇到一位汽车修理工，是他的老熟人。修理工对阿西莫夫说："嗨，博士！我来考考你的智力，出一道思考题，看你能不能回答正确。"

阿西莫夫点头同意。修理工便开始说思考题："有一位既聋又哑的人，想买几根钉子，来到五金商店，对售货员做了这样一个手势：左手两个指头立在柜台上，右手所致拳头做出敲击状的样子。售货员见状，先给他拿来一把锤子；聋哑人摇摇头，指了指立着的那两根指头。于是售货员就明白了，聋哑人想买的是钉子。聋哑人买好钉子，刚走出商店，接着进来一位盲人。这位盲人想买一把剪刀，请问：盲人将会怎样做？"

阿西莫夫顺口答道："盲人肯定会这样。"说着，伸出食指和中指，做出剪刀的形状。

汽车修理工一听笑了："哈哈，你答错了吧！盲人想买剪刀，只需要开口说'我买剪刀'就行了，他干吗要做手势呀！"

在人际交往中，凡是有人对你的意见表示反对的时候，对方一定会找寻许多理由为自己辩解。如果你在说话的时候，直接否定别人的意见，就等于把对方放在了你的对立面，这样就可能产生分歧和矛盾，使事业受阻。聪明的办法是，当彼此发生意见分歧时，要以理服人。让对方慢慢接受你的意见，并坚信你的意见是正确的。

以理服人就是摆事实，讲道理，让人从你讲的道理中领悟到其正确性，从而接受你的意见，按照你的意见行事。需要注意的是，劝导说理时必须切中要害。请看解放初期陈毅同志说服一个私营工商业者的故事。

有一天，陈毅市长到一家纺织厂里，他笑着说："老板，我冒昧来访，欢迎不？"

这位老板正为一件事发愁，便发起牢骚来："陈市长，今天工会又来要我废除'抄身制'。不当家不知柴米贵。工人下班有抄身婆搜身，还经常丢纱呢，如果取消抄身制度，纱厂不被偷光才怪呢！"

陈毅品了口茶，不紧不慢地说："要说办工厂、买机器，我要拜你为师。因我只当过工人，没有经营过工厂嘛！要说管理工人、教育工人，你要向我学习哩！我参加了革命，就一直宣传群众、组织群众，在这方面我可以给你当参谋，你倒是要我这参谋，还是不要？"

经理连声说："要，要，请您快说！"

"我在法国当过工人。那个工厂大得很，老板也比你厉害得多。厂子

四周筑起高墙，拉上电网，还雇了一大帮带枪的警察，对每个下班的工人，从头搜到脚，那劲头，身上硬是连一颗钉子也藏不住。"

"但结果呢？原料、零件还是大量丢失，为什么呢？老板把工人只当成会说话的工具，劳动任务繁重，工资却很少，工人实在无法养家糊口，工厂赚了钱对工人毫无好处。他们为什么不拿呢？现在不同了。工人翻身当了主人，他们懂得生产经营搞得好，新中国才能富强起来，工人才能改善待遇。"

"你们虽是私营企业，但也是新民主主义经济的一个组成部分，一样可以利国利民。所以，依我之见，你应该在纺织业带头，用我的办法试试看，废除'抄身制'，关心工人利益，待工人如朋友、如弟兄，有困难多与他们商量着办。我相信眼前的困难会克服的。"

经理听了连连点头："想想是有些道理。"第二天，他就主动找工会研究，决定废除"抄身制"。

陈毅同志一番话，使资本家奉若神明的"抄身制"取消了。足见劝说有术，言之有理，这正是以理攻心的威力。

以理服人最重要的一点是摆事实，出言有据，事实确凿，对方的观点就会不攻自破。

有一次，电话机的发明者贝尔出门去筹款，他登门拜访金融家许拜特先生，希望他能够对于他的新发明事业投一点儿资金。贝尔知道许拜特是一个脾气古怪的人，向来对于电气事业不感兴趣。

贝尔开头时并不对许拜特说明投资能获得多少收益，也不对他解释科学理论。贝尔弹着钢琴，忽然地停止了，向许拜特说："你可知道，如果我把这脚板踏下去，对着钢琴唱出一个声音，这钢琴便也会复唱出这声音来。比如我唱一个音符，这架钢琴也会应一声这个音符，这事你看有趣吗？"

许拜特当然不懂其中道理，于是静悄悄地放下手中的书本，好奇地发问贝尔。贝尔详细对他解释了发明的原理。这场谈话使得许拜特情愿地答应了负担贝尔的一部分实验经费。贝尔用金融家的钢琴消除了他们不同的意见，使他们合作的想法得以实现。

贝尔的方法就是在讲他那件事之前，先设法引起对方的好奇心，吸引了许拜特对于他的发明事业的注意，这是一种智慧的说服策略。

做人感悟

说服别人接受自己的意见，不能讲空话、套话、大话，需要的是实在的论证说理，还要采取巧妙的方法。

说服别人要晓之以理动之以情

在人际交往中，双方的意见不一致时，想要说服对方，就需要沟通交流，既要坚持自己的原则，让对方理解你的意见和行为。同时，也要动之以情，让对方从心理上感觉到你的做法是合乎情理的，这是说服别人的两条原则。请看下面有这个实例：

一位病人的姐姐请求护士长特许她妹妹使用自备的微波炉，"护士长，我妹妹想吃点热饭热菜，我把微波炉带来了，请您允许我使用好吗？"

护士长说："我也很同情你妹妹，但病房是不允许病人使用电器的。因为很容易发生事故。我办公室用的微波炉也需用许可证才能使用。你妹妹的饭菜可以拿到我办公室来热，好吗？"

病人的姐姐说："我已经把微波炉带来了，你就允许吧！"

护士长说："不好意思，我真的不能违反原则！"

病人的姐姐：："那就麻烦您了！"

护士长笑着说："没关系，这是应该的！"

护士长在说服病人家属时，通过与其交流，既说服对方遵守医院的规章制度，坚持了自己的原则，又以人为本，解决了病人的实际困难。

从上面的故事看出，在说服别人要以理服人，善于用商量的语气来引发对方的思考，使对方感觉不是强迫接受你的意见，而是双方在共同探讨解决问题的最佳途径。

需要指出的是，以理说服人，只要点到即可，不要反复唠叨同一个说辞。否则对方会感觉厌烦，难以达到说服的效果。

美国政治家富兰克林说："我立下一条规矩，我在说服他人时，绝不正面反对别人的意见,也不准太武断,我甚至不允许自己在文字和语言上措辞太肯定。当别人陈述我不以为然的事时,我不会打断他,也不会立即驳斥他,或立即指正他的错误。我在回答的时候,先表达他的意见在某些条件下没有错,再说出目前稍有不同,等等。这样,谈话的气氛就会很融洽。以谦虚的态度来表达自己的意见,不但容易被人接受,也容易减少一些分歧,这样即使我有错也不会有难堪的场面。而如果我是对的,别人也较容易赞同我。"

富兰克林说服别人的方法后来被人们称为"富兰克林法",后来被推销人员广泛地运用到推销中去。

有一位女子刚结婚,回家向父母诉说丈夫的缺点。作为父亲他很同情女儿,但等女儿说完后,他拿出纸笔说:"再想一想,你丈夫有一个缺点你就在纸上画一个黑点。"女儿在纸上画了很多点,说这些都是丈夫的缺点。父亲问:"除了上面的黑点之外,你还看到了什么?"女儿说纸上没有别的东西了。父亲说:"你换一个角度再看看。"这时候女儿明白了,除了黑点之外,纸张上更多的是空白。父亲说:"那个空白的地方正代表着你丈夫的好处,比比看,是黑点多还是空白多呢?"女儿受到父亲的启发,果然想到丈夫还是优点更多。这位父亲就是用富兰克林法劝服女儿的。

如果一开始就指出对方的错误,就会伤害其自尊心,进而自我辩护或固执己见。如果以平静的心态,以事喻理,以共同探讨的方式去沟通,别人才会心悦诚服地接受你的看法。

每个人做事都有失误的时候,不必求全责备。批评他人,应讲究一些说话的技巧,更不能讥讽、挖苦他人,伤害他人的自尊心。应尽量用平和或温和的态度去面对你的批评对象,剔除感情成分,将表情、态度、声调加入到批评语中会起到积极效果。

周恩来总理在这方面是我们的典范。他总是抱着与人为善的至诚,对同志的缺点错误及时进行批评教育,令人心悦诚服。

1952年,周恩来率政府代表团抵达苏联,就我国"一五"期间苏联援建项目问题进行谈判。抵苏后,他把有关人员集中起来,逐字逐句讨论修改计划草稿。复印前,他又专门叮嘱一位同志把好最后校对这一关。但当周总理拿到稿子后发现仍然有差错,他并没有直接批评校对的同志。第二天,周总理来到代表团驻地与大家共进午餐时,特地与这位同志碰了杯,笑着说:"罚酒一杯吧!"这么简单的一句话,既亲切又严肃,使这位同志内疚而又不会难堪,收到了"心有灵犀一点通"的效果。

对方有了缺点或犯了错误,如果只是一味地横加批评、讲刺话,总是数落对方"你办得怎么这么糟?""做事为什么这样不细心?""你这样做对得起我吗?"等等,是非常不妥当的。

当某人做错事时,在他内心里有时会反省,觉得抱歉、恐慌、不知所措,此时如果你再批评指责他,那么他会因为你的谴责而羞愧难过,有的甚至从此一蹶不振,无法再树立自信。你如果换种语气,就会取得很好的效果,如:"以后做事呀,你自己可要多加注意了。"或者说:"我想,下次你一定不会再犯类似的错误了。"诸如此类的话,对方不仅会感激你对他的信任,同时会感受到你的真诚,更重要的是有了改正错误的信心。对方在今后的工作、生活中,也必定小心谨慎,不再犯同样的错误,而且时常提醒自己注意以前不曾注意到的缺点、毛病,适时修正自己。

做人感悟

　　人与人相处,不可避免地会有一些不愉快的事情发生,面对这种情况,你要慎用词令,巧于交际,少些批评,多些理解,将会使你更受人欢迎。

过度的指责是傻瓜的做法

　　检讨一下我们自己,我们是不是也有这种喜欢责备别人的毛病?布置下去的一件工作没有做好,我们很可能不是积极地去与下属寻找原因,研究对策,而是指责下属:"你怎么搞的?怎么这么笨?"这时,你有没有想过下属会有什么反应?他可能什么也不说,但在内心却只会觉得你不近人情,从而怨恨你。这样,你今后就很可能在与他相处时,总感到疙疙瘩瘩,

要取得效益可想而知……

有一个幽默故事：

这天丈夫回到家，发现屋里乱七八糟，到处是乱扔的玩具和衣服，厨房里堆满碗碟，桌上都是灰尘……他觉得很奇怪，就问妻子："发生什么事了？"妻子回答："平日你一回到家，就皱着眉头对我说：一整天你都干什么了，所以今天我就什么都没做。"好指责就如同爱发誓，实在不是一种好习惯。你会伤害别人也会伤害你自己，别人不舒服你也不会舒服。

有一个比较极端的例子，张飞闻知关羽被东吴所害，下令军中，限三日内制办白旗白甲，三军挂孝伐吴。次日，帐下两员末将范疆、张达报告张飞，三日内办妥白旗白甲有困难，须宽限方可。张飞大怒，让武士将二人绑在树上，各鞭五十，打得二人满口出血。鞭毕，张飞手指二人："到时一定要做完，不然，就杀你二人示众。"范疆、张达受此刑责，心生仇恨，便于当夜趁张飞大醉在床，以短刀刺入张飞腹中。张飞大叫一声就没命了，时年仅55岁。

1863年7月，盖茨堡战役展开。敌方陷入了绝境，林肯下令给米地将军，要他立刻出击敌军。但米地将军迟疑不决，用尽了各种借口，拒绝出击。结果敌军顺利逃跑了。林肯勃然大怒，他坐下来给米地将军写了一封信，表达了他的极端不满。但出乎常人想象的是，这封信林肯并没有寄出去。在他死后，人们在一堆文件中才发现了这封信。也许林肯设身处地地想了米地将军当时为什么没有执行命令，也许他想到了米地将军见到信后可能产生的反应，米地可能会与林肯辩论，也可能会在气愤之下离开军队。木已成舟，把信寄出，除了使自己一时痛快以外，还有什么作用呢？

不要指责他人，并不是说放弃必要的批评。这里的原则是要抱着尊重他人的态度，以对方能够接受的方式来批评。

有一家工厂的老板，这天巡视厂区，看到有几个工人在库房吸烟，而库房是禁止吸烟的。他没有马上怒气冲冲地对工人说："你们难道不识字吗？没有看见禁止吸烟的牌子吗？"而是稍停了一下，掏出自己的烟盒，拿出烟给工人们，并说道："请尝尝我的烟，不过，如果你们能到屋子外去抽的话，我会非常感谢的。"工人们则不好意思地掐灭了手中的烟。

我们喜欢责备他人，常常是为了表现自己的高明。有时，也有推卸责任的目的。古人讲"但责己，不责人"，就是要我们谦虚一些，严格要求自己一些，这对自己只有好处，绝无坏处。

在你想责备别人的这不是那也不是时，请马上闭紧自己的嘴，对自己说："看，坏毛病又来了！"这样，你就可以逐渐改掉喜欢责备人的不好习惯。

 做人感悟

有的人只相信自己，不相信别人，让人避而远之；有的人总喜欢严厉地责备他人，使对方产生怨恨，不觉中使彼此的沟通难以进行，事情也办得一团糟。成功人说，只有不够聪明的人才批评、指责和抱怨别人。

做到视意见为财富

企业最大的财富是人的聪明才智。企业领导人应该鼓励每一个员工积极地提出改进工作的建议；而且必须使他们知道，他们的建议将会得到认真的研究，并且也真正这样做。

柯达公司曾发生过这样一件事：一名普通工人写了一封建议书给董事长乔治·伊士曼。内容简单得令人吃惊，只是呼吁生产部门"将玻璃擦干净"。这点小事虽然不足为道，但伊士曼却认为这是员工积极性的表现，于是立即公开表彰，为这名员工颁发了奖金，并由此建立了柯达建议制度。到现在为止，该公司职工已提出建议两百多万项，公司采纳的约有六十余万项，公司采纳建议后的业绩也是有目共睹的。

身处管理层的你，如果做到视意见为财富，能像柯达公司那样，在企业中建立起良好的建议制度，凡所提建议能给企业带来效益的，给予重奖，这样必然会促进企业全体职工同心协力，使职工对自己的工作发生兴趣，对自己的工作考虑得更多并总是设法去改进自己的工作,这正是领导者进行沟通的目的。

柯达公司对职工提出的每条建议都进行认真审查,审查的大概过程是这样的:职工提出建议后,由各车间委员根据建议的独创性、思索程度、适应性和效果等内容进行评定和选拔并给予表扬或"奖励"。

柯达公司的职工因提出建议而得到的奖金每年总计都在150万美元以上。你不要认为这150万美元花得不值,你要知道,柯达公司从中受益的又何止千万美元呢?

 **做人感悟**

别人的"意见"有时真的能为你带来实实在在的财富。

与其被人指责,不妨自我数落

人际沟通最基本的要诀之一,就是巧妙地满足对方的心理或感情,使他人认同你。生活中有很多被求助者,以为自己帮助了别人,或有能力帮助别人(可能此时还没帮呢),心理上会下意识地产生一种优越感,说不定还要对求助者数落一番。

很多时候,当你做错了事情或遇到了麻烦时,如果不可避免地要被他人数落或指责、谩骂,不妨主动地先自我数落一番,以示歉意或悔意。对方在发觉你已经承认错误或有悔改之意后,通常就会放你一马,也不好意思再指责你。

如果你有求于他人,而他人并不愿爽快地帮助你,你可以这样说:"我这可能是无理的要求,但是……"如果你犯下了大的错误,你可以这样说:"我说这些话可能有点多余,但是……"此时,即使对方根本就不想听你说话,也不会因此当面拒绝或指责你。如果反复使用这一方法,反而会加强效果,使对方轻松听完你的要求,并接受你的请求。

自我数落到底具有多大的功效呢?我们可以用一个案例来说明。

美国著名励志大师卡耐基先生经常带一只小狗到公园去散步。因为公园里游人一向不多，而他的小狗又不伤人，所以卡耐基常常不给狗系狗链或戴口罩。

这天，卡耐基又像往常一样带着小狗到公园去散步。糟糕的是，他们在公园遇见一位骑着高头大马的警察。

警察见此情景，就严厉地责问卡耐基："你的狗跑来跑去，为什么不给它系上链子或戴上口罩？你难道不知道这样做是犯法的吗？"

"我知道，先生，"卡耐基压低声音说，"不过，我的小狗很温顺，我相信它不会在这里咬人的。"

"你不认为！你不认为！法律可不管你是怎么认为的！小狗可能在这里咬死松鼠，或咬伤小孩。这次我就不追究了……假如下次再被我碰上，你就必须得跟法官去解释了。"

此后的一段时间里，卡耐基的确照办了。但他的小狗不喜欢戴口罩，他也不想让小狗受委屈，于是就抱着侥幸的心理依然故我。这天下午，他和小狗正在一座小山坡上赛跑，突然抬头看见那个警察正骑着马向他走来。

卡耐基心想，这下完了！他决定不等警察开口就先发制人。他说："警察先生，你好！这下你当场逮到我了！我有罪！因为你上个星期就警告过我，如果再带小狗出来而不给它戴口罩，你要惩罚我。"

"好说，好说，"警察回答的声调很柔和，"我晓得在没有事的时候，谁都忍不住要带这样的小狗出来溜达溜达的。"

"的确是忍不住，"卡耐基附和着说，"但这是违法的。"

"哦，事情没你想象的那般严重，"警察说，"我们这样吧，你只要让小狗跑过前面的那个山头，到我视线看不到的地方，这事就算没有发生过。"

在这里，卡耐基使用了先行自责的说服技巧，使警察觉得自己受到了尊重，从而表现出宽容的态度，最终对卡耐基高抬贵手。

做人感悟

在人际交往和商业谈判中，迂回战术往往是最有效的沟通方式。懂得了迂回之计，就会将一切困苦看作是迂回的过程，毕竟我们是在曲折中前进，暂时的退让与妥协不是懦弱，而是一条通向目标的捷径。

要得到信任是重要的

信息的接收者对信息发送者的信任是决定沟通是否成功的第一要素。从心理学的传播理论上讲，要取得内在服从、没有矛盾的效果，信息的发出者——信息源，必须具有可信性。如果缺乏信任，人们对不具可信性的信息源发出的信息将很少理睬。

美国的美洲银行前总裁克劳森经历过一次严峻的考验。为了激励员工工作的积极性，他曾提出这样一个构想，如果第二年的公司业绩有好转的话，每一个员工都将收到十张公司的股票。这一决定刚刚宣布，一封匿名信就寄到他的手上："你又来了。承诺、承诺、再承诺，明天、明天、永远是明天。我们'今天'到底能得到什么呢？"这封匿名信给克劳森带来了沉重的精神负担，因为他不知道是谁寄出的这一封信。他在整整一年中都感到所有的人都在监督着他。于是他每日不敢懈怠。一年后，人们真的收到了股票，克劳森又收到了一封匿名信："你果然信守承诺。"克劳森说："当时，我就像一个被释放的囚徒，真正感到了轻松自由。"

在第二封匿名信没到来之前，克劳森一直在经历着一种信任危机。因为员工缺乏对管理层的信任，所以管理层发出的信息就不具有化解矛盾的说服力。对员工们来说，为了饭碗，他们虽然必须保持工作表面的服从，但其内心却是抱着"走着瞧"的态度。有的人漠然处之，有的人满腹牢骚，顺从者没有创意，积极工作的人也许只是在为自己工作，一有机会就另谋高就。

要使一项计划得到实施，如果不能赢得人们的信任，领导者的处境是十分尴尬的。在接受一个新计划时，人们要重新找到自己的角色定位和胜任的感觉，这时领导人就是导演，他要引导人们进入角色。要做到这一点，强制不仅不能奏效，而且还会适得其反。领导者如果没有耐心，随时都可能搞砸。管理学家戈登·F·谢亚在《在工作场所创造信任》中指出了这种悖论式的现象："我们花费一生的时间来建立与朋友和家庭成员的信任关系，但我们仅用30分钟向新雇员讲授目的明确的规程，就希望他们成为成功的和有效率的雇员。"

信任，它所涉及的问题是：在他人看来，一个人是否可信，是否值得信任。企业组织及人际关系中的信任并没有一个客观的标准，而是由人们的主观判断与评价来决定的。如果人们愿意信任一个人，认为这个人可信，那么这个人就享有他们的信任。

一致性，意味着意志坚定、承担风险、信守承诺，这些无论在哪里都会造就杰出人物的根本美德。缺乏这种美德的人，将被认为不能担负重任。同样，在对待员工、主管部门及社会公众时，领导也必须使自己有信守一致性的准则。事实上，领导身负重任，人们会不时地把他的一言一行记录下来，以重新解释其意义何在。这时，如果领导在如此被不断地打量、重新解释中，其一言一行的意义是一致的，人们也会认为他做到这一点是理所当然的，没什么了不起。但一旦被人发现言行不一、前后矛盾，人们就会相当愤怒，对其产生怀疑了。倘若人们不再相信他说的话、做的事，要在领导者与下属、员工之间建立长期的关系，就是很困难的了。

对领导来讲，一致性的原则应贯穿在其行为的如下几个方面：

一、目标一致。明确的目标一旦宣布，在任务设计、计划安排上就应体现出来，否则就会相互矛盾。并且，这种一致还要求，即使遇到困难也要加以贯彻。所以，宣布目标本身就是一个风险，无论结果怎么样都要义无反顾地勇于承担。

二、言行一致。矛盾的言行将会造成混乱，如果你说一套做的却是另外一套，没有什么比领导人的言行不一更能造成组织混乱了。

三、角色一致。领导是一个多重角色的承担者，对内是领导，对外是组织代表。作为个人，他还有许多社会角色：丈夫或妻子、父亲或母亲、朋友、同学等。

集众多角色于一身会使他面对各种要求，任谁都很难保证这些要求是相互一致的，因此可能产生的不一致对精神造成的压力也是难免的。在领导的事业发展中，真正的管理精神正是在克服这种压力中形成的。要使承担的各种责任统一在自己完整的人格基础上，一个领导人应富于理想精神与开放精神。

做人感悟

缺乏信任，就很难建立长久的关系。

设法找到双方的共同话题

在产品营销过程中，营销人员应该选择适当的话题，缩短与客户之间的距离，使自己逐渐被客户所接受，之后再把话题引向自己推销的商品，这才是成功营销的正确途径。

该怎样选择贴切的话题呢？秘诀是和客户谈他最关心的事。

心理学研究结论表明，每个人都很明白，在这个世界上，最重要、最亲近的人就是他自己。他喜欢听的，当然是别人提起有关他自己的事。因此，营销人员如果想让客户喜欢你、接受你，使推销获得成功，就得多花些精力研究客户，对客户的喜好、品位有所了解，这样就能更有效地说服对方购买自己的产品。

美国有一位叫伊尔斯的冠军推销员，为了能够更好地和客户交流爱好，短短几年时间里他一共努力培养了20多种兴趣爱好。当然，伊尔斯不可能把这些爱好做到样样精通，但他的努力使他得到了充分的回报：销售额节节攀升。而且，这些爱好还让他终身受益，他的生活变得更有情趣了。

当然，如果能够知道对方的爱好，并从对方的爱好开始沟通，双方是很容易找到共同语言的，不过爱好毕竟因人而异，最有效的方法是培养那些人们普遍感兴趣的爱好。除此之外，还有一些话题，例如对方的工作、孩子、家庭等，都是对方所关心的，这些都可以作为引起对方兴趣的话题。

有一点必须记住，在产品营销的过程中，主角永远是买方、是客户，而卖方必须自始至终完全扮演配角。如果营销人员在沟通过程中老是以自我为中心，只是洋洋自得地反复谈论自己的事情或只是自夸自己的产品，而不从买方的角度来考虑问题，这种说服很可能会引起客户的反感——"这家伙只会谈论自己。"最不愉快的反应恐怕会来自客户——"谁听你的？"照这种情形下去，失败几乎是注定的。当营销人员终于结束他的高论请求客户做出购买决定时，得到的反应只会是冷冷的拒绝。

营销大师约翰逊对此有很深的体会，他把这一点称为"投其所好"。你和你的顾客可能在许多问题上有不同的看法，但是你在游说他时所要强调的，是你们的共同价值观、希望和抱负。换言之，你必须找到与客户的共同话题。

下面就是约翰逊的叙述：

我在拜访客户时，虽然交谈的时间很短，可是我事先要花几个月的时间做准备。等到开始会见时，我已经知道了那个人的兴趣、爱好、消遣和欲望。

有一次，我就是用这个办法拉到了森尼斯无线电公司的广告。当时该公司的首脑是麦唐纳，他是一个非常精明能干的人。我写了一封信寄给他，要求和他当面谈谈森尼斯公司广告在黑人社会中的重要性，麦唐纳立即回了信（我可以断定他只是想摆脱我），说："来信已经收到，不过我不能见你。我并不主管广告。"

我并不泄气。我在一生中每到达一个转折点时，人们起初总是对我说"不"。我不能让麦唐纳用这么随便的一封回信就回绝我。

"好的，"我想，"他既然是公司的首脑，却不管广告。那么他管什么？"答案很明显，他管的是政策，相信也包括广告政策。于是，我又写了封信给他，问他我可不可以拜访他，谈谈他关于在黑人社会进行广告宣传的政策。

"你是个坚持不懈的年轻人，"他回信道，"我决定见你。不过，你要是想谈在你的刊物上登广告的事，我就立即结束访问。"

这就带来一个新的问题，我们能谈什么？

我翻阅了大量的美国名人录，专门搜集麦唐纳的消息，知道了麦唐纳是一位探险家，曾经到过北极，时间是在汉森和比尔到达北极的那次著名探险之后的几年。汉森是黑人,他曾就本身的经历写过一本书。

我觉得这是个我可以利用的机会。我叫我们驻纽约的编辑去找汉森,请他在他的一本书上签名,以便我们送给麦唐纳。此外,我又想起汉森是个可让我们写篇文章的好题材,于是我从还没有出版的7月号《黑檀》月刊中抽去一篇文章,而以一篇介绍汉森的文章代替。

麦唐纳在我走进他的办公室时,第一句话就说:"看见那边那双雪鞋没有?那是汉森给我的。我把他当作朋友。你看过他写的那本书吗?"

"当然看过,"我说,"凑巧我这里有一本。他还特地在这本书上为你签了名。"

麦唐纳翻阅那本书,显然感到很高兴。接着,他以带有挑战性的口吻说:"你出版一份黑人杂志。在我看来,黑人杂志上应该有一篇介绍像汉森这样的人的文章才对。"

我表示同意麦唐纳的意见,并将一本7月号的杂志递给他。他一面翻阅那本杂志,一面点头称许。我告诉他,我创办这份杂志的目的,就是宣传像汉森这样克服一切障碍而最终达到最高理想的人。

"你知道吗,"麦唐纳笑着对我说,"我看不出我们有什么理由不在你的杂志上刊登广告。"

现在,约翰逊已经成为美国最成功的营销高手之一,在全美营销界享有很高的声誉。人们普遍认为,约翰逊之所以能够取得今日的成就,其秘诀就在于他在推销之前,总是先做大量的准备工作,找到了双方的共同话题,并投其所好地说服对方。

做人感悟

越有共同话题,越容易达成一致。

第七篇
成功运用非语言沟通技巧

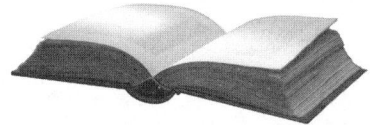
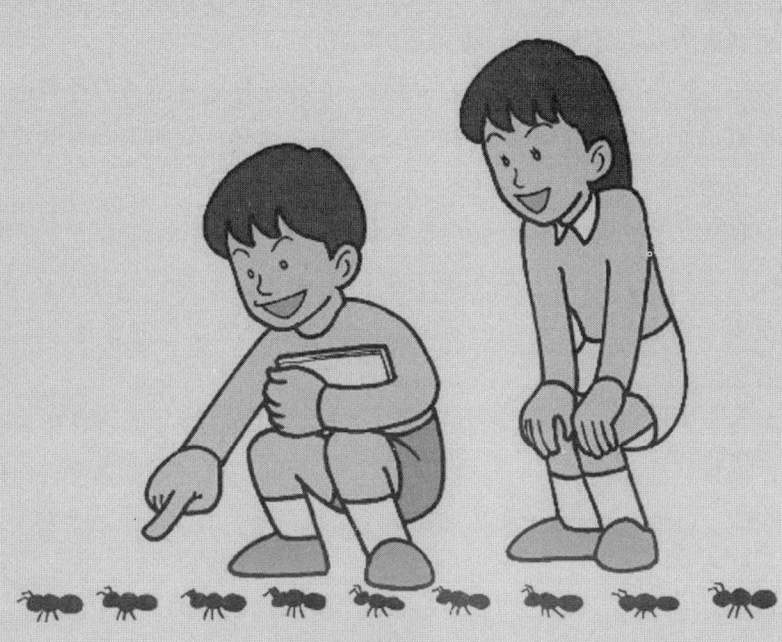

利用身体语言塑造说话个性

人的表情十分丰富，会利用自己的身体语言的人远比只靠语言干巴巴地讲话的人能够吸引听者。因此，在讲话之前一定要好好想一想自己的体格、身长，要考虑适合自己的说话方式。

"身体语言"在交际中有着不可忽视的作用。你应该细心地观察他人，然后慢慢地在交谈中培养自己利用"身体语言"的能力。

说话时自然地做出的手势可以使说话绘声绘色。凡是想使人理解的时候，都将发生摆姿势和打手势的情形。不过，打手势一定要让听者看到。

为了使用语言以外的表情、手势、姿势来表现自己，在日常生活中就要养成敏锐的观察力和敏锐的感受性。

在开始说话之前，不能忽略听者将从说者的状态来判断说话水平。只注意说话的内容而不注意姿态的人，是说不好话的。

台上的说话者要在地板上站稳，双臂要沿着身体两侧下垂，然后双手轻搭在体前，双眼要像直视前方的样子，脊背挺直，这是讲话时的基本姿势，坐着讲话时，除采取前述姿势外，还要把脚轻轻落下。这样才能使对方感到这个人各方面都是"很稳重的"。

在人前讲话时，即使是提心吊胆，心扑通扑通地跳，但外表也要看着像是挺镇静。一定要采取这样的基本姿势。这样，就能具有说话流畅的气概。这是经验之谈，不会有错。

有人认为，动作好像是跟着感觉的。但实际上动作和感觉是同时发生的，所以人们可以直接用意志去纠正动作。如果这种办法还不奏效，那便不会再有别的方法了。所以，当一个人感到勇敢时，他会真的变得很勇敢。

一个人面对听众，要提高勇气，要挺直胸膛，目光要直接望着你的听众，很自然地开始讲话，好像听众都欠了你的情，现在聚集着请你再多放一些债，这种心理上的锻炼，是很有益的。

另外对讲话者来说，看着听者的头，可以了解对自己讲话的反应。头整齐地朝着自己时，表明人们在听自己说话；脑袋不住地前后左右摆动或者产生一阵嘈杂声，这是对自己讲话听厌烦了的反应。

习惯于看听众的头之后，还要寻找点头的人。听众之中必有善意的听者，对你每说一句话会点头称"真对"，这种人是你说话的拥护者，所以要把视线投向这种人，产生"在听着自己的呐喊"的勇气，话语会更加流畅。

人的眼睛能够表现心理活动。清楚的视线能察觉到自己的话在多大程度上被听取、被理解。如果能注意到听众心情的变化，再配以必要的姿势，所说的话也就有了生气。

正如有人所说的："要让眼睛和嘴都讲话。"在很多情况下，用嘴说话不如用眼睛"说话"。

如果你是发表演说，还要注意光线的效果。一般地说，必须使室内的光线充足，而且，还须使光线照在你的脸上，因为大家都想看清你的表情。你脸上因讲话而随时表现出来的微妙表情，有时候会比你的说话更有意义。但是你不要站在光线最下方，因为这样将使你的脸上现出模糊的阴影，也不要让光线从后面过来，免得把光线完全遮住。

在讲台上，不要有不自然的动作，如用手不停地摆弄衣服角。因为这样做不但分散人的注意力，并且还表明你有缺乏自制的弱点。在讲台上，无论什么动作，如果不能增加听众的注意，便会分散人家的注意，绝没有不起任何作用的道理。所以，你必须站稳脚跟，并表明你完全能够控制自己的举动，也就是表明你能够在精神上自制。

当你站起来准备对听众讲话的时候，不要忙于立刻开始，因为这会使别人以为你是个外行。你应该深深的吸上一口气，然后举目向台下的听众看一会儿。如果在听众中有着杂乱不静的情形，你得多等一会儿让大家安静下来。

把你的胸部挺起来，这是在平时你就应该天天练习做的，那么一旦站到听众的面前，便会不自觉地这样做了。

没有手势帮助的演说会使听众感到呆板。必要的手势会增强演说的效果，会引起听众对你所说的词句的重视，帮助他们找到你说话的重点，运用手势，还可使演说者自己更加振奋。这里值得注意的是，手势的运用要符合你的演说内容，符合你的个性，符合演说场地气氛等环境的要求。特别要提醒的是，手势不是演说，也不能代替演说，不能让手势把听众的注意力都吸引去。

 做人感悟

不要把任何一种姿态一再重复，这样会令人感到乏味；不要从肘部起做手势，会显得局促而不自然，最好从肩部开始，这样要显得大方好看得多，注意不要把任何姿态结束得太快。比方当你伸直食指，帮助你发挥某一段的思想时，最好保持住这种姿势，一直到你说完这句话，否则这一点看似极小的错误，往往会产生不好效果。因为它可以使你原来的要点被人误会，把小的地方看作你的要点。一切按最自然的姿势来做就可以了。

表情比服装更重要

有位人物评论家前往拜访某一位企业界名人。约定的时间到了，该企业界名人却让秘书小姐传话给正在接待室等候的人物评论家，希望他能再等5分钟。5分钟后那位企业界名人出现了，他抱歉地说道："我一直都在召开重要会议，生怕与你初次见面时仍以会议中严肃的表情面对你，让你认为我是个不和善的人而留下不好的印象，为了不失礼，只好让您久等以恢复心情，回复我惯有的和善表情。"

这虽然是个小故事，但却明白地道出一个事实：人的心灵无论如何隐藏掩饰，仍然会形诸于外，在表情上显露无遗。因此，如果想留给初次见面的人一个好印象，那位企业界名人的顾虑是有必要的。然而，一般人到达约会场所时，往往只检查领带正不正、头发乱不乱等服装打扮上的问题，却忽略了表情的重要性。同样是照镜子，请检查自己的表情是否和平常不一样，如果过于紧张的话，不妨试着对镜中的自己傻笑一番。

晋朝大画家顾恺之曾说："传神写照，正在阿堵之中。"所谓"阿堵"就是指眼睛。眼睛是人心灵的窗户，也是传递信息，尤其是心理活动信息最有效的器官。在与人交际沟通时，要特别注意观察体会对方的眼神，并善于利用自己的眼神表情达意，影响对方心理。

一、视线行为

只有在眼光接触的情况下，才能建立真正的沟通基础。与别人谈话时，有些人令我们感觉自在，有些人却不然，甚至似乎不值得信赖。这主要和他们说话时注视我们或正视我们视线的时间长短有关。某人不诚实或有所隐瞒时，其眼睛和你的眼睛视线相接的时间就少于谈话时间的1/3。时间超过2/3谈话时间：原因之一，他或她发现你很有趣或很吸引人而瞳孔扩张；原因之二，他或她心怀敌意，发出无言的挑战而瞳孔收缩。研究指出，当A喜欢B时，会经常凝望B，让B知道A喜欢他，期盼B也喜欢A。换句话说，为了建立和谐的人际关系，和别人谈话时，你的视线应该和他的视线相接大约60—70％的时间。因此紧张胆怯的人，他正视你眼睛的时间低于谈话时间的1/3，令人无法信赖。谈判时，应避免戴深色眼镜，因为这样会使别人感到你在瞪他们。

和大部分肢体语言的动作一样，凝视说话对象的时间长短也是由文化决定的。南欧人的凝视时间较长，因而显得具有侵略性；日本人谈话时，则注意对象的颈部而非脸部。在下结论时，务必考虑文化背景。

视线相接的时间长短值得注意，你所注视的范围也很重要，因为这也影响到谈判结论。这些信号透过无言的传递和接收，对方很可能会自行加以解释。要花约30天有意识的练习才能熟练应用下列的眼部动作，提高你的沟通技巧。

1．商谈视线

商业会谈中，请你想象对方的额头和双眼之间有一块正三角形区域。你的视线直视这个区域，会产生一种严肃的气氛，对方会感到你正经地在谈生意。假如你的视线不下降到对方眼睛以下的位置，你就能够继续控制彼此的互动关系。

2．社交视线

视线下降到对方的眼睛以下时，社交气氛便会产生。实验结果显示在社交场合中，一般人会注视对方双眼和嘴巴之间形成的倒三角形区域。

3. 亲密视线

亲密视线从双眼往下经过下巴到对方身体其他部位。近距离时，在双眼和胸部之间形成三角形；距离远时，则由双眼到下腹部。男人和女人使用亲密视线表示对异性产生好感，而被注视的异性若也感兴趣，则立即回报亲密眼神。

4. 斜视

斜眼看人表示兴趣或敌意。和挑高的眉毛或微笑一起出现时，表达兴趣而常被使用为求爱信号。但是和眉毛下垂、皱眉头、嘴角下垂一起出现时，则表示怀疑、敌意或批评。

二、用眼神有效地传达信息

车尔尼雪夫斯基曾说："富有表情的眼睛是最美的。"眼神是心灵的窗户，当丰富的内心世界无法用语言表现时，当心情因为激动而起伏变化时，眼神一瞬间就能把说不完道不尽的东西表露出来。正如黑格尔所说，不仅是身体的轮廓、面容、姿势，就是行动和事迹、语言和声音，以及它们在不同生活情况中的千变万化，全部由艺术化成眼神，人们从眼睛里就可以认识到内在、无限、自由的心灵。

也许你是个经常参加社交活动的人。当你盛装出席一个并不重要的私人聚会，你怀着激动的心情走进会场，在场的人几乎都被你所吸引。你发现，不论是熟悉的笑脸，还是陌生的面孔，从他们投来的目光中，你读懂了羡慕、惊讶、诧异或许还有几分嫉妒的信息。

通过观察一个人眼睛的变化，可以得到有关他的思想状态和情感状态的重要信息。双方用眼睛交流彼此的信息，这两种功能结合在一起，就形成眼神的"目光语"。

在人的一生中，应用得最出色的要数目光语了。

当一个人对另外一个人产生好感，他没有用语言表达出来的时候，会用一种带有幸福、欣慰、欣赏的感情交织在一起的目光不住地打量着对方。

当一个人表示对另外一个人拒绝时，他会用一种不情愿、讨厌，甚至是愤怒的眼神，轻蔑地嘲讽对方。

两个人在谈话的时候，如果有一方目光不断地转移到别处，这说明他对你谈的话题不感兴趣或另有所思，一旦你意识到这种情况后，就应该马上想办法转换话题。

双方谈话进入正题的时候，对方时而移开目光直视远处，这表示他根本不关心你说些什么；当你看到对方灰暗的目光，就应该想到对方有不顺心的事或发生了什么意外的事情；而当你和别人交谈时，对方的眼睛突然明亮起来，则表示你的话触动了他的心灵和兴趣。

目光流露不屑的人，显示其想表达敌视或拒绝的意思，目光冷峻逼人，表示他对你并不信任，心理处于戒备状态。

没有表情的目光，表明这个人心中愤愤不平和内心有些不满。交谈时对方根本不看你，可以视为对方对你不感兴趣或是不愿亲近你。

当一个人用非常友好而且坦诚的眼神看另外一个人，偶尔还眨眨眼睛，说明他对这个人的印象比较好，他很喜欢这个人，即使他犯了一些小错误，也可以给予宽容和谅解。

当一个人用非常锐利冷峻的目光审视他人的时候，这种眼神含有一种警告的意思。

双方只有敌意的对视时，才会将目光聚焦在对方的一只眼睛上。此时，就有怒视的意思了。

在长时间的注视中，不是表示恨，就是表示爱。恨与目光相互注视的时间成正比。与对方争辩时，常常怒目而视。这种瞪眼注视是对私人占有空间的侵犯，是不礼貌的。有时双方并没有争辩什么，只是目不转睛地注视着，死盯着对方。这种盯视往往表明，要求对方有所反应，如果对方没有对你做出适当的反应，交谈的场面就会出现紧张的气氛，被盯着的人会产生逃离的想法，这也是很不礼貌的。

爱与目光相互注视的时间成正比。青年男女长时间注视的目光，能制造出异性间一种提高亲密度的力量。双方一旦成为恋人，简短的目光接触，也能使对方得到精神上的满足。

三、避免误用目光接触

眼睛的沟通是人际沟通中最重要的一项行为技巧，它是中枢神经系统中唯一能和他人直接接触的部分。不要以为单是眼神接触即能达到"传情"效果，毕竟，良好的眼睛沟通和所谓"惊鸿一瞥"大不相同。

日本学者斋木深在《心理学的趣味实验》中讲过这样一件事：

有一次，两个朋友乘车外出，其中一个很自信地说："我不用说话，也不要有什么行动，就可以使坐在对面的这位女士让座位给我。"说完，便开始凝视对面那位年轻女士的眼睛。开始，她回头看了一眼那位朋友，好像没在意，那位朋友还是一直盯着她的眼睛。果然，那位女士站了起来走向后面，把位子让给了他。

目光在人际沟通中有如此重大的作用，因此要懂得一些目光运用的技巧，以免误用目光接触沟通。

1. "5秒钟"恰恰好

当我们和别人聊得正起劲、正高兴的时候，我们通常都会盯着别人看5—10秒钟后，才移转眼神。这在一对一沟通的情况下是很自然的，但是，你所养成的习惯必须是要能应付所有的状况，不管是和一个人讲话，或是和一千个人讲话，都要自在、得体。5秒钟是大多数人在与人交谈、眼神交会时，最感适切的眼神暂停时数，所以，你最好能符合这个期望值。

2. 眼神不要乱飘

大多数人在觉得有压力的时候，都有不敢注视对方的毛病，就像受惊吓的兔子，眼神不定、到处乱窜。这会带给对方不安的感觉，而大大降低你的可信度。

3. 改掉翻白眼的习惯

翻白眼也是眼睛沟通中很要不得的毛病。有这种习惯的人，通常是在交谈中，持续地闭目两三秒，然后再张开。这一闭一张之间，仿佛是在告诉对方"我实在不想待在这儿"，这么一来，对方怎么可能有意愿和你继续沟通呢！

4. 避免突然扫射

这是指你的目光突然投向或离开倾听者。这使得倾听者认为你正要看其他的什么东西或逃避什么。突然扫射通常会导致倾听者注意力分散，这样他们注意力的焦点就不会放在你表述的信息上了。

5. 避免频繁眨眼

眨眼睛是正常的生理活动。但当你的眼睛迅速眨动时，就会引起人们

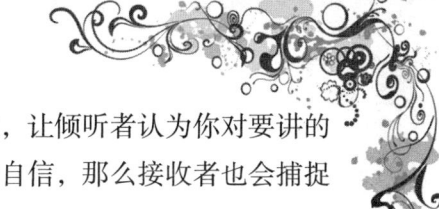

的注意。同时，这也会导致倾听者注意力分散，让倾听者认为你对要讲的内容感到紧张。如果眨眼暗示着你对信息缺少自信，那么接收者也会捕捉到这种暗示。

6. 避免注意力放在一个人身上

这种行为常发生在群组情况中，比如会议中。如果有人提问，那是另一码事。但是，如果你的目光仅与一个人接触，而很少触及组内的其他人，其他倾听者就会感到被孤立和遗忘，这可能会导致抵触情绪的产生，从而阻止他们真正有效地听取你传达的信息。

聪明的沟通者都善于运用眼神来表情达意。

通过握手有效地传达信息

肢体语言在人际交往过程中所发挥的作用日渐突出，以握手这一普遍行为为例。握手是现代社会交际中一种最普通的礼仪，它是世界上最通行的常用礼节。在各类商务、公务及普通的社交场合，握手礼是使用最频繁的礼节形式，不同的握手方式展现给人不同的形象。

与人握手时，握得较紧较久，可以显示出热烈和真诚来，给人留下深刻印象。

玛丽·凯·阿什是美国著名的企业家，她是退休后创办化妆品公司的。开业时，雇员仅仅10人，20年后发展成为拥有5000人，年销售额超过3亿美元的大公司。

玛丽·凯在其垂暮之年为何能取得如此巨大的成就？她说，她是从懂得真诚握手开始的。

玛丽·凯创业前在一家公司当推销员。有一次，开了整整一天会之后，玛丽·凯排队等了3个小时，希望同销售经理握握手。可是销售经理同她握手时，手只与她的手碰了一下，连瞧都不瞧她一眼，这极大地伤害了她的自尊心。她的工作热情再也调动不起来。当时她下定决心："如果有那么一天,有人排队等着同我握手,我将把注意力全部集中在站在我面前同我握手的人身上——不管我多么累!"

果然,从她创立公司之后多次同数人握手,总是记住当年所受到的冷遇:公正、友好、全神贯注地与每一个人握手,结果她的热情与真诚感动了每一个人,许多人因此心甘情愿地与之合作,于是她的事业蒸蒸日上。

事实上,用力握手是一门学问,握手越用力,越可以给对方留下深刻的印象。反过来说,若是对方用力地握你的手,你就会下意识地用力握回去,以免自己居下风。某一个国家的领袖访问外国时,电视的新闻报道中,出现了两位国家元首握手的历史镜头。当时,某一方握着对方的手,用力摆动了好几次,使对方在那一瞬间露出迷惘的表情,给人很深的印象。虽然我们不清楚他们会谈的内容,也不知道谈论的结果如何,但如果从握手时的情况来说,被对方用力握住摇摆好几次并且露出迷惑表情的一方,无疑是处在被动的地位。

仔细观察一些政治家在竞选时的表现,你会发现他们一连与数十人甚至数百人握手后,手变得煞白,没有一丝血色,不难推测那是握手时过于用力所致。但这也从另一方面反映出握手的重要性。

握手,按字面理解为手与手的结合,但这种状态能发展成为心与心的沟通,即人们能够更多地从中感到一种强烈的连带关系。通过有力的握手,对方会对你的诚意、热情,特别是坚强的意志、强干的外表等留下深刻的印象。

政治家强有力的握手正是出于这样的心理,不想被对方"欺压",就要采取比对方更有力的手段,只有这样才能取胜。

紧握对方的手会令他感到一种压力,尤其是在第一次见面时,这往往是一件很有效的武器。

当你出人意料地用手握住对方的手时,被握着的第一反应就是猜想:"对方是不是很有自信?""他这种握手方式是不是有别的特殊含义?"通过这用力一握让对方处于被动地位,这也是说服对方的必要手段。

当然让你用力握手,并不是说你得像运动员或摔跤手那样去握别人的手,那样别人会吃不消的。

当与高层的领导人握手时,他们的手是松松地伸出给你握的,所以不能用力去握高层领导人的手。因为他每天要握很多次手,每次都用力会导致疲劳。

此外，握老人的手不能太用力。一次，一名学生去见一位退休的老演员林老师，他伸出两只手去握她的一只手，还用力抖了几下，林老师急呼："别抖，别抖，我的胳膊刚刚骨折。"其实我们都能想象出，像他这种年轻人，用大学时玩单杠双杠的手去抖老人的胳膊，健康的胳膊也会骨折的。

握手可以表现出一个人是否饱含真诚。真诚的人握着你手的时候是暖暖的，虽然他手的实际温度或许并不高，但他的真诚通过两只手热情地传递过来，让人对他产生一种真诚的信赖和好感。

有些人跟别人握手时显得很不真诚，做做样子，往往只轻握一下便松开，软绵绵的没有力气一般。

有一个经理人说："我不想和那个客户做生意，他是我见过的握手最无力的人，手冷冰冰的，我们每握一次手，我对他的信赖就减低一分，因为握手软弱无力的人缺乏活力，缺乏真诚。"

有些人跟人握手时，只不过是轻轻一碰就松开，而且是一面与人握手，一面斜视其他地方，或东张西望，这是极不尊重对方的表现。这些缺乏真诚，不尊重对方的毫无活力的握手对形象是有百害而无一利的。

通过社交场合的握手礼，常常能折射出一个人的礼仪修养。如果与人握手时左手还插在口袋里，那显然毫无诚意；如果眼睛东张西望，或是伸出的手给对方一种有气无力的感觉，或是握得太紧叫人难堪，或是生硬地摇动都会令人不悦，印象不佳。恰到好处、优雅自然的握手就应是简短有力地一握，两眼愉快地凝视对方，表达出你温和、友善的心意和渴望进一步交往的美好愿望。

行握手礼时，应距离受礼者一步左右，上身稍向前倾，左脚稍迈向前一点，伸出右手，四指并齐，拇指张开与受礼者握手。手要上下略用力摆动，然后与对方的手松开。年轻者对年长者、身份低者向身份高者施行握手礼时，则应稍稍欠身表示态度谦恭，用双手握住对方的手，以示尊敬。男士与女士握手时，往往轻握女子的手指部分，但较熟的人或朋友可例外。关系十分亲近又久未见面的人，可边握手边问候，两人的手长时间握在一起，以表达双方的心情。

注意不要轻握男人的手指或是将女士的手握痛了，也不要骑在自行车上时或在公交汽车上与他人握手。

做人感悟

握手是一门学问，不同的握手方式会展现给人不同的形象。

避免误用肢体语言

人们通过身体的坐卧立行等姿势表现出的情感、意向、态度等各种信息的综合就是肢体语言。俗话说"站有站相，坐有坐相"，不同的场合有不同的身体姿势。不过，潇洒、自然、大方、得体的身姿总是令人赏心悦目，而矫揉造作、忸怩作态的身姿最让人厌烦。

所以，如果你希望你的体态、面部表情和手势表现出自信、和谐和放松，你就要避免使用下面这些肢体语言：

一、懒散的体态

办公室里的有些椅子可能会很舒适，尤其你有时在会议室里会发现大沙发椅时，很可能就会斜靠在椅子上，显得悠然自得。可惜的是，当你这样做的时候，无论你坐在一种什么样的椅子上，都会让你显得过于放松，你传达的信息也就少了些分量。如果你希望自信地讲话，并且希望别人严肃地对待你的话，这样做就会使你的期望与现实正相反。

二、侵占空间

当人们站着讲话并试图在沟通中表现得积极时，最容易这样做。当你在讲话时过于接近其他人时，别人就会觉得不舒服。当然了，如果他是躺在你面前的话，你超越平时的距离自然是合理的做法。

对此，任何人都无法找到一个快速有效的规律来定义在任意给定的沟通场合中人们之间的距离到底为多少才是安全的。一般来说，两个人越是熟悉，关系越是友好，他们交谈时的距离就会越近，而不会感到不舒服。但是，无论怎样，你肯定不想有什么东西就在你的面前。有时候你表现出这种行为是由于你的态度强硬或被你听到的信息激怒——你可能有陷入攻击式的嫌疑。距离越近，声音越大，但不一定能更好地说服别人接受你的观点，实际上这样做会起反作用。

三、面无表情

这里主要指面部没有表情变化。当你需要向别人传递重要的信息时，如果面部没有表情变化，就说明你对自己的信息缺乏热情。如果你自己看起来对表达的信息都不感兴趣，那么其他人很快也会有同样的感觉。你们的沟通也就无效了。

四、表情严厉

这种表情通常表现为眉毛紧蹙，是不具有吸引力的做法之一，会让倾听者感到厌恶，如果不是出于被迫他们是不愿意参与其中的。这种表情会在某种程度上增加或夸大你论调的尖锐程度——也会使你陷入攻击式讲话方式。

五、居高临下

这里是指，当你站着讲话时，倾听者常常或者比你矮或是坐着的。此时，你通常在物理空间上距离他们过近。然而，长期居高临下的谈话会让倾听者因距离太近而感到不舒服。如果你又提高声音的话，就会更有威胁的意味了。所以，请你记住，当你和别人谈话时，请确保你们在同一个水平面上。这里的水平面是指在物理上处于同一高度。因此，只有当两个人坐在一块儿时，才能够达到这个目的。

六、做有威胁性的手势

最常见的例子就是用手指指向他人，或者用拳头敲桌子。这些行为经常传达出一种态度强硬的信息，会让你表现得具有攻击性而不是自信。因为这种行为具有胁迫倾听者的意思，即使他们不反感，也绝不是积极沟通的促进因素。

七、讲话时没有手势

有时人们讲话时会习惯性地把双手插进口袋里，有的人还会将双手放在桌子下面，有的人双手交叉紧紧贴放在腿上。当你表达信息时，如果双手看起来好像不受支配或者不出现在视觉范围内，你就放弃了为积极吸引他人注意力可以使用的最强有力的方式。这种时候，别人会误认为你是呆板而羞怯的，这种行为会让你陷入退让式的讲话方式中去，不利于沟通。

八、交叉双臂

讲话时交叉双臂与听话时不同。听话的时候，只要看起来不是很紧，交叉双臂使你显得放松，有助于你接听别人的信息。而当你讲话的时候，交叉双臂就会让你显得冷淡，并且对自己传达的信息没有兴趣。如果这些都有悖于你想要传达的信息时，结果将是糟糕的。

九、行为习惯分散倾听者注意力

拾取东西、抓痒、撩头发等是人们对别人讲话时容易表现出来的一系列的行为习惯。这些习惯容易分散倾听者的注意力，让他们不再注意获取你所讲的信息，而是把注意力转移到其他地方。这样一来这些动作很有可能会让人们厌烦或由于你的这些行为失常而发笑。

**做人感悟**

当你明白了以上肢体语言误用的后果时，就要尽力避免自己在沟通中犯同样的错误，以便让沟通顺利进行下去。

通过手脸结合识别谎话

如何判断别人说谎呢？了解肢体语言中的骗术，是最重要的观察技巧之一，手在脸部的动作正是欺骗的基本姿势。换句话说，当我们看到、说出和听到虚假的事情时，我们经常会用手掩住眼睛、嘴巴、耳朵。儿童的欺骗姿势非常明显。

孩子说谎，通常会用手捂住嘴巴，以免泄露口风；假如小孩不想听到父母的斥责，他会用手去遮住耳朵；当他看到他不想看的东西时，会用手或上臂遮住眼睛。随着年纪的增加，这些姿势仍然会出现，但是成人会修饰这些手在脸部的姿势，而且动作变得比较不明显。这里所谓的欺骗，同时也有怀疑、不确定、说谎、夸张的含义。

有人做出手在脸部的姿势时，并不表示他就是在说谎，只是有此可能，进一步观察他的其他动作，将有助于确定事实。不要仅凭手脸姿势来评断，而不考虑其他因素。

美国的摩里斯博士在一项研究中指出,当护士在角色扮演的情况下对病人说谎,发现说谎的护士比其他说实话的护士出现更多手脸姿势。下面一些姿势是说谎的表现：

一、捂嘴唇

捂着嘴唇的动作是少数成人姿势中与儿童类似的。大脑不自觉地指示手部,拇指按住脸颊,手掌盖住嘴唇,抑制正从口中说出的谎言。有时候这个姿势只是几只手指盖住嘴巴,甚至是握紧的拳头按着唇边,但意义相同。

很多人会用假咳嗽掩饰捂嘴姿势。亨弗莱·鲍嘉扮演帮派分子或罪犯时,在计划犯罪行动或被警察侦讯时,常用假咳嗽显示所扮演的角色不诚实。

假如使用捂住嘴唇姿势的人正在说话,表示他正在说谎。如果他是倾听的一方,则表示他觉得"你"在说谎。

二、摸鼻子

基本上,摸鼻子是捂住嘴巴的修正版,可能是在鼻子下轻轻擦拭好几次,或是快速得几乎察觉不到的轻触。有些女人则是轻柔而不连续地碰触鼻子下方,以免弄坏了脸上的妆。

摸鼻子的原因或许可以这样解释：负面想法一出现时,大脑潜意识命令手去掩住嘴巴。

但在最后一瞬间,为了不使动作看起来太明显,手就快速地碰触鼻子而后离开脸部。另外一种解释是：说谎引发敏感,使鼻子的末梢神经感到刺痛,于是需要摸鼻子以安抚这种不舒服的感觉。有人或许会有这样的疑问,如果摸鼻子的人只是鼻子过敏呢？区别的方法是,鼻子过敏的人摸鼻子的动作大而明显,而手脸姿势中的摸鼻子则动作轻微。和捂嘴姿势一样,说话者用来掩饰欺骗,倾听者则用来表示怀疑。

三、擦眼睛

基本上"非礼勿视"是大脑企图排斥眼前所见的反应。如果说话者正在说谎,则眼光会避开对方的脸。男人通常用力擦拭眼睛,如果是谎言情节严重,通常眼光瞟向别处,一般是注视地板。女人则只在下眼皮轻微擦拭；一方面避免动作粗鲁；另一方面是怕弄坏了妆。她们的视线会移到别的地方,通常是天花板。

四、摸耳朵

摸耳朵实际上是倾听者把手覆盖在耳朵周围或耳朵上,试图阻挡谎言进入的"非礼勿听"姿势,同时也是小孩用双手遮住耳朵抗拒责备的成人版。其他变化姿势包括:搔耳后、掏耳朵(手指尖在耳朵里面来回搔动)、拉耳垂或把整个耳朵弯曲向前盖住耳穴,表示听够了或可能有话要说。

五、抓脖子

这个动作多半由右手食指在耳垂下方搔抓,或是搔弄脖子。我们观察到一个有趣的现象,就是抓的次数大约五次,几乎没有少于五次的,而多于五次的也只有少数。这个姿势代表怀疑、不确定,无言地诉说"我不确定我是否同意"。口是心非时,一边抓脖子一边说:"我能了解你的感受。"此时抓脖子动作特别明显。

六、拉领子

摩里斯研究说谎者的姿势时注意到,说谎会引起纤细的脸部和颈部肌肉组织一阵刺痛,需要摩擦或搔抓才能抚平这种感觉。这似乎合理地解释了说谎又担心被逮住的人经常会拉领子的现象。当说谎的人感觉你怀疑他没有说实话时,他的脖子会轻微冒汗而需要拉拉领子。每当一个人觉得生气或沮丧,他也需要拉拉领子以促使冷空气流入衣领和脖子之间的空隙内。你要是看到别人拉领子,问句类似"请你再讲一遍好吗"或"请你澄清这一点好吗",将使可能正在说谎的人现出原形。

 **做人感悟**

没有识别不了的谎言,只要你拥有足够的技巧。

第八篇

总有更多更好的沟通方法

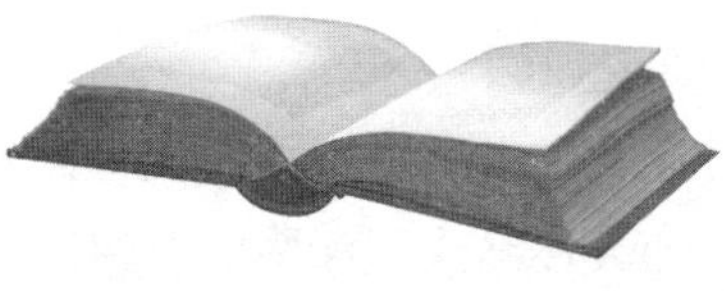

沟通中不妨加点幽默

美国的罗斯福总统和英国的丘吉尔首相是二战时两位叱咤风云的人物，在研究如何对付法西斯时，两位伟人会面了。

在会面中，两个人仔细地讨论了对付日本、德国和意大利的详细计划，但在某些利益分配上，各自为自己的利益着想，不能尽快达成一致协议，两人很是伤脑筋。

一天晚饭后，丘吉尔去拜访罗斯福，丘吉尔没有让工作人员禀告，直接进入了罗斯福的住处，而罗斯福刚刚洗完澡出来，正好一丝不挂地面对丘吉尔，两个人都很尴尬。

罗斯福先反应过来，哈哈大笑着说："丘吉尔首相，我罗斯福真是毫无保留地向大英帝国全面开放啊！"

两人都哈哈大笑起来，一场尴尬场面就这样过去了，为接下来的沟通奠定了基础，由此，两人还结成了深厚的友谊。在此后的日子里，两人各自让步，从双方的利益出发，很快达成了协议，从而为法西斯的灭亡和世界反法西斯斗争的胜利奠定了基础。

在这种尴尬的时候，幽默是最好的中和剂，通过幽默能建立两人之间的那种亲密无间的友谊。

许多人都以为西方人才懂得幽默，中国人是较为严肃缺少幽默感的民族。其实中国人的幽默感更是"高超"，不仅含蓄，而且是温柔敦厚的讽喻。

白居易新乐府"讽喻诗"，就好像今天评论文章。庄子尤为古代幽默大师，他向朋友告贷未遂，却以"枯鱼"为喻；拒绝楚王诏命，则以太庙中锦缎包裹的死蝇为喻；与好友惠施辩论，从没有脸红耳赤过。孟子滔滔雄辩，抨击异端时，言辞比较锋利，但他劝齐宣王行仁政，却以"见牛未见羊""君子远庖厨"来循循善诱，实在是最富于幽默的一席话。

掌握幽默的基本技巧：

一、必要时先"幽默自己"，即自嘲，开自己的玩笑。

二、发挥想象力，把两个不同事物或想法联系起来，会产生意想不到的效果。

三、提高语言表达能力，注重与形体语言的搭配和组合。

幽默就是力量。如果在交往中逐步掌握了幽默技巧，就会巧妙地应付各种尴尬的局面，很好地调节生活，甚至改变人生，使生活充满欢乐。

做人感悟

幽默不仅能让人发笑，增加魅力和风度，使你在针锋相对的斗争中，用轻松的心情战胜对手，而且还可以增进双方感情，促进彼此间沟通的深入。青年人应该是活泼开朗的，学会用幽默来武装自己，在事业上更会有一种意想不到的收获。

借物寓理增进交流

有人以为，交谈就是聊天，是很简单的事情。殊不知，聊天也有艺术性。1986年10月15日，邓小平同志会见英国女王伊丽莎白二世和她丈夫爱丁堡公爵菲利普亲王。

邓小平对女王说："见到你非常高兴，请接受一位中国老人对你及亲王的欢迎和敬意。"

邓小平以"一位中国老人"自称，不仅是谦虚的表现，更表明了中国人民对英国贵宾的友好感情。

接下去他又说道："这几天北京的天气很好，这也是对贵宾的欢迎。可是，北京的空气比较干燥，要是能'借'一点儿伦敦的雾，就好了。小的时候，我就听说伦敦有雾，在巴黎时，听说登上艾菲尔铁塔，就可以看得见伦敦的雾。我曾登上过两次，可是很不巧，天气都不好，没有看到伦敦的雾。"

爱丁堡公爵说："伦敦的雾是工业革命时的产物，现在没有了。"

邓小平风趣地说："是吗？'借'你们的雾就更困难了。"

公爵说："可以'借'点雨给你们，雨比雾好。你们可以'借'点阳光给我们。"

双方谈话都在谈"天气",谈"雾",谈"雨",谈"阳光",这是很标准的"寒暄",但是这寒暄的背后,是双方已开始融洽气氛、联络感情,为进一步会谈打下良好的基础。

爱丁堡公爵所说"伦敦的雾是工业革命时的产物,现在没有了",实际上是表现了英国工业历史悠久而且环境治理成效显著的自豪感,而"借"雾,"借"雨,"借"阳光之类的言辞,也委婉而巧妙地传达着双方有着互助互利、友好合作的诚意。

如此聊天,是非常值得回味的。

1940年秋的一天,新四军军长陈毅去拜访爱国老人韩紫石。当时,江苏省主席兼苏鲁战区司令韩德勤正积极制造反共摩擦,韩紫石老人对两党能否真诚合作、共同抗日,尚持怀疑态度。

为了试探陈毅,他随口出了一上联:"陈韩陈韩,分二层(陈)含(韩)二心。"显然,这是在试探陈毅的态度。

陈毅学识渊博,岂能不知对联之意,随即朗声大笑:"我们怎么会分二层含二心呢?我陈毅不但对您一层一心,就是对韩德勤也是一层一心啊!"并随口对出下联:"四共四共,同一四共一天。"韩紫石老人听罢大喜,对陈毅的宽广胸怀敬佩不已,当即赠对联一副:"注述上家胸有甲,立功万里胆色身。"

后来,韩紫石果然为抗日做了许多工作。陈毅善于沟通、善于团结,并借物寓理打消对方疑虑,能真正把一切爱国人士都团结起来共同抗日。

做人感悟

交谈的艺术无处不在,伟人能运用自如,平凡人亦能学会,只要你时时留心,多听、多想,你也会成为交际高手,从而结交更多的人士,为自己的成长增添几分色彩。

不拘形式地进行自由沟通

国际上的一些卓越企业非常重视不拘形式的自由沟通。譬如在迪士尼,从总裁开始,每个人都佩戴名牌,上头只有名字,没有姓氏。在惠普公司,员工可彼此直呼名字，后来还采取了开门政策。IBM投入大量的时间和精力推行开门政策，这项政策是沃森当初的重要理念之一，尽管后来员工人数已达35万，这项政策依然存在，董事长依然亲自处理所有的抱怨案件，不论提问题的员工等级为何。开门政策在达美航空也发挥了很大的功效；利维斯牛仔裤也极为重视这项政策，甚至将其称之为"第五项自由"。

许多经济管理学家都曾经提到过，随着社会的发展，需要有能适应社会的"特别委员会机构"。在不断发展变化的时代里，官僚机构是不足以满足社会需求的。他们口中的"官僚机构"，是指解决公司的日常工作，日复一日地例行业务项目的一个正式组织。他们所谓的"特别委员会机构"是指着重解决官僚之间有争议的问题或存在于官僚层面的一些问题的机构。结果，该机构一无所成。

组织流动的弹性观念并不算新，倒是很多公司懂得如何巧妙运用才称得上新颖。因为优秀公司的组织是流动变化的，所以能够不拘形式地进行良好的沟通；而且，有特殊目的的专案小组通常能通过这种沟通收到良好的成效。

管理不再只是局限于办公室内，不拘形式交流意见成为另一大创举。主管们以不拘形式的上下左右沟通方式进行管理，如"巡视管理""喝咖啡聊天"等沟通方式，使许多问题就不拘形式地解决了。

联合航空公司的爱德华·卡尔森称自由沟通为"有形的管理"和"走动管理"，而惠普公司则认为这是"惠普方式"的重要一环。

提供精简的环境设备也有助于自由沟通的开展。康宁玻璃公司在新盖的工程大楼内安装了升降扶梯，用以增加人们面对面沟通的机会。3M公司协助任何申请者组成俱乐部，以便于增加午餐时间意外解决问题的机会。一名花旗银行的职员惊奇地发现，把有意见分歧的不同部门职员安排在同一幢楼上班后，分歧意见便很自然地解决掉了。

是什么导致了这样的结果呢？答案是"多途径的沟通"。惠普公司所有的金玉良言均与加强自由沟通有关，即使是惠普的环境设备和精神信条也都更多地强调了人与人之间的自由沟通。在旧金山湾区的帕罗奥图附近的公司里，你只要稍微走动一下，就会看到许多人聚在一起讨论问题。这种不拘形式的专案小组会议还可能会包括研究发展、制造、工程、市场与销售部门的员工。但是到现在还有许多大公司的经理从不与顾客或销售人员谈话，甚至也从不瞧一眼或摸一下产品！一位惠普公司的员工在谈到他们公司的核心组织经验时这样说道："我们也不清楚到底哪种组织结构最好，我们唯一明确的就是，先进行无拘无束的自由沟通，这是解决问题的关键所在，我们必须不惜任何代价来坚持！"

美国总统罗斯福创造的"炉边谈话"也是一个不拘形式、不以权压人、自由沟通的典型案例。罗斯福刚就任美国总统时，正赶上全球性经济危机，美国经济濒临崩溃，全国至少有1300万人失业。银行成批地倒闭，挤兑风潮遍及全国各地。

就在罗斯福宣布就职的那一天，全国金融的心脏也停止跳动了——证券交易所正式关闭。为了争取美国人民的理解和支持，1933年3月12日，即罗斯福就任总统后的第八天，他在总统府楼下外宾接待室的壁炉前接受了美国广播公司、哥伦比亚广播公司和共同广播公司的录音采访，对全国6000万听众发表了一次谈话。罗斯福总统说："我希望这次讲话亲切一些，免去官场那一套排场，就像坐在自己的家里，双方随意交谈一样。"哥伦比亚广播公司华盛顿办事处经理哈里·布彻说："既然如此，那我们的这次谈话就叫'炉边谈话'吧。"在这次谈话中，罗斯福以亲切诚挚的声调、质朴动人的语句，对美国人民就银行暂停营业的问题进行了耐心解释、劝告和引导。虽然谈话时间不长，但却化解了长期郁结在人们心中的疑团和不满。罗斯福开创的这种炉边谈话方式，在大危机时代和二战的艰苦岁月里，给了美国人民坚强的信心。在那之后，每当美国面临重大事件之时，总统都会用这种方式与美国人民进行沟通。

做人感悟

沟通有法，但无定法，有效的就是有用的。

在餐桌上沟通

一个企业的不断发展壮大，企业中的雇员也会大为增加，组织机构的设置更会越来越复杂。在这种情况下，企业主管人员颇感头痛的问题就会越来越多。比如各职能部门之间的协调与沟通问题就是一个既常见又非常重要的问题。企业规模的扩大，为了便于管理，许多彼此独立的部门就设立起来了。但是，企业要成为一个有机整体，部门之间的沟通就显得至关重要。而在实际管理实践中，各个部门之间的沟通往往会遇到很多想到或想不到的障碍。有一家公司就针对此问题，找到了一种极为简便的方法来增进各部门之间的沟通，他们称其为"餐桌面谈法"。

这家公司是西诺普提克斯通讯公司，专门生产配套计算机系统。在四年的时间内，这家公司的雇员由11人增至425人。随着企业的规模不断扩大，五个职能部门之间的彼此沟通就显得越来越重要。在实际管理中，各部之间的沟通也存在着不少的障碍。

有一次，生产部门的主管对其他部门的不配合实在是难以忍受了，就对组装一种新型电路耗费工时过多而连连抱怨。这次的长篇抱怨引起了公司总裁的注意。时任该公司总裁的是安德鲁·拉德威克。他认为这是一件不能忽视的事，为了解决这位主管的抱怨，他专门请来这位主管和一位与他配合工作的工程师，和他们俩人一起用餐。在就餐时，安德鲁·拉德威克让他们就如何加快组装的问题进行协商。二人的协商沟通是很有效的。最后，他们找到了一个简单的加快组装的办法：只需更换一种更小、更便宜的部件，就能大大地缩短工时。受到这次用餐协商成果的启发，安德鲁·拉德威克想出了"餐桌面谈法"，并认为这是解决实际问题，增进部门间的沟通的既简便又有效的方法。

每一季度，这家公司都会在总部所在地举行一次午餐会。在加利福尼亚州的蒙顿维尔的总部，总裁在幕后策划，每次摆上五张餐桌，请来两个相关部门的要员共享丰盛的午餐。当然，用餐并不是真正的目的，真正的目的在于让参加宴会的人找出解决问题的办法。席间，彼此都要提出一些有待解决的问题。针对某一特定的问题，每位用餐者都要想出自己的解决办法，向大家陈述之后，用餐者就进行评价，直到找出最佳的解决办法为止。在这里，每个问题都是在友好的环境下解决的。

做人感悟

<u>在餐桌上沟通并解决问题有时可能会富有成效。</u>

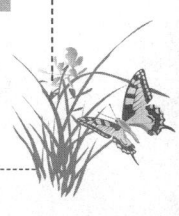

转悠管理

转悠管理，也称漫游管理或巡回管理。所谓转悠，就是企业领导人员到基层去巡视或走动，并在巡视或走动中发现问题，进而解决问题。转悠管理沟通是一些成功企业常采用的沟通方法之一。

现在，企业界人士都十分重视这种转悠管理，整天只坐在办公室听汇报、打电话、发布文件的企业领导越来越少了。他们甚至把"走出办公室"作为自己的工作信条，不仅以身作则，常年在外巡视，而且严格要求各基层负责人也"走出办公室"，到基层去办公。

阿尔科公司的总裁鲍勃·安德森可谓"转悠"成瘾了。他不但自己"转悠"，还要检查手下的人是否也在"转悠"。有一次，当他"转悠"到某地，给某一个部门打电话时，恰好这个部门的主管接了电话，他马上发了脾气，对这位不下去"转悠"的主管感到失望。

普罗克特—甘布尔公司也十分推崇"转悠"管理沟通的方法。该公司一个制造厂的负责人说："我受到的一次最严厉训斥就是在我早期做管理工作的时候。有一天上午，来自辛辛那提总部的一位上司，转悠到了我那儿，发现我正在办公室里，当时我受到的可不仅仅是挨骂。"

针对转悠管理沟通，有的公司还对分部经理提出了许多"转悠"的具体要求，比如"转悠"的次数、对手下人员了解的程度等。达纳公司的负责人麦克弗森就因此解雇了一名部门经理，原因是那名经理在某部门待了六年还不能全部说出部门人员的姓名。

美国联合公司董事长埃德·卡尔赫刚到任时，联合公司正委靡不振。卡尔赫刚一到任，就直奔现场，向现场的工作人员直率地提出许多问题，请他们作详细的回答。他没有笔记本，对于调查中发现的问题，他从来都是记在废纸片上，然后塞进口袋里带走。他从不命令第一线工作人员干这干那或搞个什么所谓有名堂的改革，除非是事关安全的问题。他也从来不当场纠正他不喜欢的东西。他要依靠正常的管理程序来解决出现的问题。

每次从现场回到总部之后，他就立即采取行动。他有一种本事，让整个指挥链上的各个环节都很快知道他发现了什么问题，并且要立即解决掉。然后，他就同那些在巡视中和他谈过话的一线工作人员通信联系，让一线工作人员知道公司已经在采取什么措施了。他也与下面的有关职员联系，让他们认真检查和监督，以保证新措施的执行。

惠普公司创造的一种独特的"周游式管理法"，与转悠管理法十分相似。他们鼓励领导人深入基层，与广大职工直接接触。为了更好的沟通，惠普的办公室布局还采用了少见的"敞开式"大房间，即全体人员都在一间敞厅中办公。各部门之间只有一个矮屏将其分隔开，除少量会议室、会客室外，无论哪级领导都没有设单独的办公室。同时，他们还不称职衔，即使对董事长也直呼其名。这样有利于上下左右通气，创造了无拘束和合作的气氛。

各式各样的转悠管理，都使得高层管理人员能够切实了解第一手信息，切实发现各种问题和听取意见，切实采取有效的措施，并更加密切了上下级的关系，因而能够保证目标的实现。

做人感悟

形式不重要，沟通心理最重要，千万别把"转悠沟通"搞成了"忽悠沟通"。

用闲谈拉近双方的距离

闲谈是与他人深入交往前的热身准备，是与人交流、引发共鸣的好方法。很多时候，通过闲谈，可以让两个毫不相干的陌生人很快交上朋友，甚至成为知己。

在20世纪初，富兰克林·罗斯福已经是一位知名人物。在一次宴会上，在场的人几乎都认识他，但罗斯福却不认识在场的来宾。这时，他看出虽然这些人都认识他，但表情却很冷漠，似乎看不出对自己有什么好感。罗斯福想出一个接近别人并能同他们搭话的主意。于是他对坐在自己旁边的路斯瓦特博士悄声说道："路斯瓦特博士，请您把坐在我对面的那些客人的大致情况告诉我好吗？"路斯瓦特博士便把每个人的大致情况告诉了罗斯福。

了解一些情况后，罗斯福在闲谈中随口向那些不认识的客人提出了一些简单的问题，从中了解到他们的性格、特点、爱好，他们曾从事过什么事业以及最得意的事是什么等信息。掌握这些后，罗斯福就有了同他们闲谈的资料，从而引发了那些人和他谈话的兴趣。没多一会儿，罗斯福就通过闲谈和那些人成了新朋友。

有不少人认为闲谈是一件很浪费时间的事，但我们要知道一般社交性质的谈话，多半是从"闲谈"开始的。实际上，之所以有些人交际广泛，就是因为他们具有很棒的"闲谈"功夫。

在社交活动中，我们应该怎样与人闲谈呢？以下思路仅供参考。

一、聊聊天气

这几乎是古今中外著名人士最常用的普遍话题。天气对于人生活的影响实在太大了，天气好，不妨同声赞美；天气热，也不妨交换一下彼此的感受。如果有什么台风、暴雨或是季节性流行病的消息，更值得拿出来谈谈，因为那是人人都关心的话题。

二、说说家庭

与每个家庭相关的信息，例如儿童教育、购物经验、夫妇之间怎样相处、亲友之间的交际应酬、家庭布置等，也会使大多数人产生兴趣，家庭主妇们尤其关心这些问题。

三、拿自己开涮

如果你能够把自己闹过的有些无伤大雅的笑话说给别人听（例如买东西上当、语言上的误会等），也会拉近彼此的距离。因为这一类的笑话，多数人都爱听。开开自己的玩笑，既能博人一笑，又会使人觉得你为人很随和，容易相处，从而愿意与你交流。

四、轰动一时的社会新闻

轰动的新闻是热闹的闲谈资料，这谁都知道。如果你有一些具有独特价值的新闻或特殊的意见、看法，就足以把一批听众吸引在你的周围。

五、健康与医药话题

健康已经越来越受到人们的关注，所以关于健康与医药方面的话题，也是很多人感兴趣的。新发明的药品，著名的医生，对流行病的医疗护理，自己或亲友养病的经验，怎样可以延年益寿，怎样可以增强体质，怎样可以减肥……这一类的话题，也许纯粹就是一家之言，但它能吸引别人的注意力，而且常常是有益的。特别在遇到朋友或其亲人出现健康问题时，如果你能向对方提供有价值的意见,对方会对你非常感激,并愿意与你进行各种交流。

当然,每个人都可以根据自己的实际情况选择闲谈话题,以上几点仅仅是抛砖引玉。

做人感悟

闲谈是我们与陌生人拉近距离、结交朋友、巩固友谊、与他人在思想上沟通的有效手段,我们一定要学会好好运用。

巧用激将法

激将法是一种有效的迂回沟通方法,只要能够使用得适时适度,就会收到妙不可言的效果。

生活中有不少人认定一条死理,硬往牛角尖里钻,任你磨破嘴皮,他还是一意孤行,如果你改变方法,突然给他一个强烈的反刺激,说不定就会"柳暗花明又一村"。

沟通艺术中的激将法,指的是用超常的语言去激励对方,促使其下决心干好我们本想要他去干的事情的方法。

1895年10月的一天,一个年轻人到美国全国现金出纳机公司办事,遇到了约翰·兰奇先生。他向约翰·兰奇先生表示:"我……我希望能当一名推销员。"

"可以一试。"约翰·兰奇先生简短地说。

两个星期过去了,年轻人走街串巷,一台出纳机也没有卖出去。他来到约翰·兰奇的办公室,希望这个前辈能够给他指点。

"哼,真是个差劲的推销员!我早就看出你不是干推销的料。瞧你一副呆头呆脑的样子,还不赶快给我从办公室里滚出去!你呀,老老实实地回家种地去吧。"约翰·兰奇竟然破口大骂。这个身材高大的年轻人无地自容,不过,他没有因为被数落而不满,只是默默地站在那里……最后,约翰·兰奇没有再发脾气,而是和蔼地说:"年轻人不要太着急了,让我们来好好地分析一下为什么没有人买你的出纳机。"

约翰·兰奇像换了一个人,他请年轻人坐下,接着说:"记住,推销不是一件轻松容易的事。如果零售商都愿意要出纳机，他们就会主动购买，用不着让推销员去费劲儿了。推销是一门学问，而且学问很深。这样吧，改日，我和你走一趟。如果我们俩一台出纳机都卖不出去，你和我都回家吧！"

约翰·兰奇没有食言，过了几天，他带着年轻人上路了。

年轻人非常珍惜这次宝贵的机会。他认真地观察这个老推销员的一举一动。在一个顾客那里，约翰·兰奇静静地说："买一台出纳机可以防止现金丢失，还能帮助老板有条理地保管记录，这不是很好吗？再有，每收一笔款子这出纳机就会发出非常好听的铃声，让人心情愉快……"

年轻人睁大眼睛看着一笔生意就这样谈成了。

后来，约翰·兰奇又几次带着这个年轻人出外推销，都成功了。

年轻人后来知道，约翰·兰奇那天对他的粗暴，是对推销员的一种训练方式——他先是将人的脸面彻底撕碎，然后告诉你应该怎样去做，以此来激发人的热忱和决心，调动人的全部潜能和智慧。

这个年轻人从约翰·兰奇那里学到了容忍的精神和积极的处世原则。1913年，他被人诬陷，最后被开除。那一年他已经39岁了，但他决定东山再起，没用多久，他就开始负责经营一家由13个人组成的计算制表记录公司。经营并不顺利，几年后，公司几乎要破产，靠着大量借贷才熬过了1921年的经济衰退期。

1924年，已经不再年轻的他将公司更名。他希望公司视野更开阔，更上一层楼，成为真正具有全球地位的大公司。这似乎有点滑稽，听听他的儿子是怎么描述他的。

"家父下班回来，拥抱母亲，骄傲地宣布：从此之后，计算制表记录公司改为国际商用机器公司。我站在客厅的走廊上想道：就凭那家小公司？"

好了，前面说的这个人就是大名鼎鼎的IBM的创始人——托马斯·约翰·沃尔森。

这个故事说明劝将不如激将。做人的思想工作，在方法上绝不可死套一个模式，应该随着工作对象及其思想的变化而变化。有些方法，适合于某人某事，但不一定适合于所有的人所有的事。对有些人，使用激将法比一般方法更有效。

需要指出的是，激将法并不是对每一个人都适用，如果使用不当，结果不堪设想。所以我们在使用激将法时，一定要注意以下两点。

第一,一定要看准对象。激将法适用于那些社会经验不太丰富,容易感情用事的人。

对于那些老谋深算、办事稳重、富于理智的人,激将法是难以发挥作用的。激将法也不宜用于那些做事谨小慎微、自卑感强、性格内向的人。因为语言过于刺激,会被他们误认为是挖苦、嘲笑,并极可能导致怨恨心理。所以,选择好对象是激将法成功的第一要义。

第二,一定要讲究分寸。激发起对方的情感不是目的,使对方的反应掌握在我们手中才算有效。锋芒太露和过于刻薄的语言,容易使对方形成对抗心理;而语言无力,不痛不痒,则又难让对方的情感产生震撼。因此,在使用激将法时,一定要注意说话的分寸,过度与不及都应避免。

"激将法"并非对每个人都有用,一定要因人而异。

机智善辩能摆脱尴尬

英国一家电视台的记者采访著名作家梁晓声。对方提出了一个十分刁钻的问题:"没有'文化大革命',可能就不会产生你们这一代作家。那么,'文化大革命'在你看来是好还是坏?"

这个问题确实刁钻,"文化大革命"不是容易说清的问题,说好吧,显然又不妥,说不好吧,还有一点难处,况且说不好当时还会影响毛泽东同志的形象,而英国记者的用意就是想让梁晓声出丑。怎么办?

梁晓声镇定自如,他机智地反问道:"没有第二次世界大战,就没有以反映第二次世界大战而著名的作家。那么,你认为第二次世界大战是好还是坏呢?"

听完,英国记者哈哈大笑,与梁晓声握手言和,后来二人还成了很好的朋友。

当美国第35任总统候选人提名时,由于肯尼迪非常年轻,所以成了他竞选的不利条件。

众议院发言人萨姆·雷伯恩:"肯尼迪是乳臭未干的民主党领导人之一。"

肯尼迪笑道:"萨姆·雷伯恩可能认为我年轻,不过对一位已是78岁的人来说,他眼中的大部分人都年轻。"

肯尼迪用机智回击了他的对手,但他们并不罢休。哈里·杜鲁门在一次全国性演讲中向肯尼迪挑战:"我们需要的是一个极其成熟的人。"

肯尼迪说:"如果年龄一直被认为是一个标准的话,那么美国将放弃对44岁以下所有人的信任。这种排斥可能阻止杰佛逊起草《独立宣言》、华盛顿指挥独立战争中的美国军队、麦迪逊成为起草宪法的先驱、哥伦布去发现新大陆。"

肯尼迪在遭到突如其来的诘难时,以非常机敏的方式巧妙地回答对方并予以有力的反击。

社交过程中,既要善于发现问题,判定相应的对策,而且还要随着情况的变化不断调整应变策略,从而营造和谐的社交氛围。

做人感悟

机智勇敢能使人摆脱尴尬,融洽人与人之间的关系,交到很多朋友。机智是后天培养出来的,只要爱学、善学,就可以获得。

当众演讲有诀窍

演讲也是沟通的方式之一,好的演讲会鼓舞士气,使人振奋;差的演讲只会使人讨厌。那么如何做好当众演讲呢?

一、演讲语言的四要素

演讲所使用的语言不仅要阐明演讲者的见解和主张,同时还要在听众的心中引起共鸣,只有这样才能达到演讲的目的。那么,演讲语言一般要具备哪些要素呢?一般而言,它须具备以下4个要素:

1. 严密准确

遣词造句要能够确切地表情达意,如实地反映客观事物的真实面貌。演讲要有科学性,离开了准确的语言,科学性就是一句空话。所以,演讲语言的第一个要点就是准确地阐述事物,表情达意。这一点在各种类型的演讲中都有深刻的体现。当演讲者面对成百上千的观众时，倘若讲出的话毫无科学性，词不达意，相信讲不到一半，听众就跑得差不多了。

2. 平易通俗

语言要平顺、通俗、易懂。演讲是讲给一定对象听的，听众听不明白，必然影响信息的传递和思想的交流，演讲也就失去了原有的意义和价值。即使是专业性很强的学术演讲也是如此。如果尽是些晦涩、难懂的语言，无论谁都是不喜欢听的，而且通俗、易懂的语言也并不损害学术演讲的严肃性。当然，平易绝非浅薄庸俗，而要浅中见深，平中见奇，用浅显易懂的语言，表达深刻的道理。

3. 简洁精炼

就是要简洁明了，言简意赅，用最短的时间说明最重要的道理，用最少的语言表达最多的信息。

4. 善用修辞

演讲中运用各种修辞方法，目的在于使语言表达得准确、鲜明、生动、活泼，避免因语言平淡无奇、晦涩沉闷而使听众感到索然无味、昏昏欲睡。

掌握好以上四个要素，再去组织好演讲语言，那演讲的效果就会好许多。

二、一开口就能把人抓住

出色的演讲高手总是在开篇便一鸣惊人，他们会立即抓住听众的心。作为演讲者，你必须从登上讲台的那一刻起就吸引听众的注意力。否则的话，你将不能顺利传递你的信息，无法保持听众对你演讲话题的兴趣，最终丧失你在讲话中的主导地位——这一切都是阻碍讲话成功的障碍。

作为演讲者，不管你准备了多少演讲内容，最初的30秒都是最重要的。不要小看这短短的开场白，它将决定此后你所说的每一句话的命运。听众将根据你给他们留下的第一印象来决定是否耐心聆听你的演讲。因此你必须把握好自己的开篇，事先反复练习。作为你与听众的第一眼接触，你的双眼应该远离笔记，认真地注视台下的听众。因为此时你最需要拉近与听众的距离，建立自信。

只有当你确信所有听众都在饶有兴致地聆听你的演讲，你才可以放心自己已经迈出了成功的第一步。

不管何种形式的开场白，衡量优劣的标准只有一个：你是否能抓住听众的注意力？如果你置身于讲台之上，高谈阔论你的话题，而场下的听众全都心不在焉，那么你的讲话同聋哑又有何区别呢？

尽管许多成功开场的关键在于你传递信息的方式以及你所注入课题的激情，但下面的16条建议还是会对提高开场效果起到锦上添花的作用。

1. 夸奖你的听众

不要漫无目的地说一些不相关的阿谀奉承的谄媚之辞，在讲话中对你面前的这些听众偶尔插入一些真诚的评价，对他们积极的态度表示感谢。为了让听众能够喜欢你，首先应向他们表达你对他们的好感。

2. 关注听众的反应

善于营造气氛的演说者通常都采用这种提问方式开场，因为他们都清楚听众更喜欢这种参与式的讲话。提问也是一种技巧，好的问题不但可以吸引听众，而且还可以缓解自己的压力。这时，你要注意：你必须通过自己的语调让听众感觉到你在期待他们的回应——这时你可以适当地停顿一会儿。但你必须不断地随机应变，有时你需要自问自答，在听众没有失去耐心前迅速做出判断给自己圆场。你所提出的问题既要有趣又不要太难。

3. 对听众进行问卷调查

这是另一种与听众进行沟通的有效方式。在会议前或后的午餐或者晚宴上，都是与听众进行交流的绝佳时机。比如，这时演讲者常常会提出诸如此类的问题："你们中有多少人要做正式的演讲？""有多少人会在会上发言？""多少人留下邮件？""又有多少人无论我提出什么样的问题都不会开口回答？"这种调查应该是我们在演讲前最喜欢的活动，因为它会给我们提供与演说相关的信息，并让我们与听众在演讲前就已经展开交流。

4. 修辞性提问

通过修辞性提问，你可以以一种特殊的方式反复重申你的观点。修辞性问题会让听众进行思考。

所以，在你组织好一个问题以前，先分析一下它的修辞效果：它会不会带给你的听众以思索？会不会令你的听众全身心地投入进去？

5. 惊叹式陈述

"我妈妈是世界上最长寿的人。"在为老年人作的一个关于健康问题的讲话中，你以这样的方式开场一定会引起听众的注意。接下来你可以说："至少她自己总是这样认为。"你要学会使用任何可能激发听众兴趣的方式，先吊起他们的胃口，然后再向他们进一步解释。

6. 惊叹式数据

开场之初，讲话者既力求简洁，又要让听众吃惊，要收到这样合二为一的效果，你可以考虑使用惊叹式数据。比如，如果你的话题是关于医疗的高消费问题，你或许可以这样开场："你知道仅仅是治疗后背疼痛的一项费用，全社会每年就要花费200亿美元吗？"但应注意，一次使用的数据不宜过多，因为人们每次只能记住一两个数字。

7. 妙用笑话

许多人热衷于以笑话开场，或许因为他们听说别的演说者也这样做。但是正如前文所说，在使用笑话时你必须慎重，因为你一旦选用这种方式，就会激发听众对更多笑话的期待。使用笑话的最佳时机应该是在你认为这个笑话正好适合当时的情形，而且你能够讲得绘声绘色、惟妙惟肖，刚好起到锦上添花的作用。当然，如果你有很强的驾驭能力，你也可以将笑话贯穿于讲话的始终。

8. 视觉工具

视觉工具可以迅速引起听众注意。它具有独特功效，讲话者通过它可将主题一览无余地展示给听众。

9. 个人经历

以一个与自己相关的故事开场也不失为一个特点鲜明的选择。

10. 情景资料

如果你是在某个组织的100周年纪念活动上发言，那么你的开场将肯定与此相关。你的发言将立即被所有成员接受和认可，因为他们知道你的主题一定就是他们自己。

11. 时事背景资料

大部分讲话的内容都不会空洞无物，讲话者的话题基本都与这个世界正在发生的事情相关。因此在做任何讲话之前，你最好先将讲话涉及的背景向听众交代清楚，这样讲话的内容则更易被听众所接受。此时，尽量避免有争议的话题，因为你并不清楚台下听众对该事件的看法。

12. 引经据典

在任何讲话中，引用都会非常频繁地出现。因为很简单：那些举世闻名的先哲已经被历史所认可，他们的言论因此而变得精炼、睿智、易于记忆。因此一个引用可以比刻板的讲解更快地被听众所接受。

13. 权威言论

当你发表言论的时候，如果你推出一位更高级别的权威言论，肯定会更容易引起人们关注。

14. 讲故事

你也可以用一个故事拉开你讲话的序幕，故事独有的趣味性将使你的听众更容易记忆。

15. 做比较

如果与你的听众的日常生活密切相关，这种方法将倍显生动。比如，演讲者用将同一国家两个不同地区的消费水平进行比较的方法来说明地区发展不均衡的问题，而这种方法却给听众留下更形象的印象，从而使你的观点得到认同。

16. 下定义

这些定义可谓俯拾即是，在任何一本书籍当中，你都可以找到非常精彩的定义。越是与众不同的定义，听众就越难以忘记。

三、抛掉不良心理

演讲者在演讲中必须解除思想负担和心理压力，及时调节自己的心境和情绪，树立起必胜的自信心。下面的这几种心理是一定要克服的。

1. 缺乏信心的心理

演讲者看到自己的某些弱点，如普通话说得不太标准、言语技巧训练不足等，常有这样的疑问："我能行吗？"这个疑问本身会促使演讲者放大自己的弱点，从而对演讲丧失信心。其实，缺点人人都有，在被千百双眼睛注视时，你需要的是扬长避短，掩盖缺点几乎不可能。

因此，演讲时应告诉自己："我刻苦练习了，只要发挥出应有水平就可以。演讲是一种口才训练，为什么一上台就非成功不可呢？"

2. 期望过高的心理

有些演讲者总是喜欢在演讲前就给自己制定一个不太现实的目标，诸如，"我的演讲会有如何如何的轰动效果""超过某某不成问题"等。由于有这些杂念，演讲者常常会因此而失去最后一次准备的机会。因为你想得过于理想，那些本来可以纠正的地方被这种光晕掩盖了，你甚至会把人们的好意指点当成恶意攻击而置之不理。

所以，当你为自己的"演讲设想"而激情喷涌时，别忘了提醒自己：

"冷静！"诚恳地找有关人员听你试讲，并请他们帮你矫正缺点。记住，即使是最伟大的演讲家最动情时的表演也是伴着理性之光在闪耀的！

3. 临场紧张的心理

几乎人人在公开场合都有过紧张心理。演讲，最让人焦虑的是："假如我过分紧张怎么办？"办法之一是对演讲场所和听众情况先行了解，做到心中有数。

还可以提前亲临演讲场所，使陌生的环境变得熟悉。假如这些不能办到，你尽可以想象自己处在一个陌生的地方，成千上万的人在听你演讲，提前体验一下紧张感是如何袭击自己的。

紧张感若真的在演讲时发生了，演讲者的潜在意识成为表层行为，变得心跳加速，额头冒汗，手足无措。这时该怎么办？

最好的办法是做深呼吸：吸气时扩展胸腔压迫小腹，呼气时放低胸膈肌。做这个动作数次，就能抑制紧张情绪。还可以从听众中找一张熟悉的面孔，注视他，告诉自己他希望深入了解自己演讲的内容。如此一来，心情就会轻松起来，就可以继续演讲了。

4. 应付状态的心理

紧张心理通常持续时间较短。假如紧张使你无法控制自己，从而是由紧张而恐惧、而惊慌，最后完全击败了你对这次演讲的自信心。此时切不可草率应付、长话短说，甚至就此离位而去。

要知道大多数人还是不以成败论英雄的。况且，给听众以影响的，除了演讲内容，还有演讲者的心胸、气度等因素。你若应付听众或拂袖而去，首先是不尊重听众，其次也是不尊重你自己，这样一来，你得到的不仅仅是失败，很可能还有听众对你的"没出息"的评价。

其实，到了这个地步，你可以告诉听众："讲得不好，请多关照。"这时听众多半会被你的真诚、坦率所感动。

5. 受挫不振的心理

有些演讲者因为有过失败的经历，而不敢再次登上讲坛。当你对自己说："我没有演讲的素质"时，你是否想到了登上讲坛本身就是一笔很大的财富呢？须知，孔夫子当年为宣传他的思想而周游列国时，还曾被不理解他的人围攻过呢，他不是也以宣讲自己的见解而成为儒学鼻祖了吗？

只有克服以上几种不良心理，你才有可能把演讲做好，否则，你的演讲很难成功。

即兴演讲是演讲中的一种重要形式，通常是在演讲者事先未做准备的情况下，根据需要而作的临时发言。因此，即兴演讲在思维的敏捷性、语言的逻辑性和口头表达的雄辩性方面对演讲都有更高的要求。

如何做好即兴演讲，避免因措手不及而陷入难堪的境地呢？美国演讲专家理查德总结了一个即兴演讲的"四步曲"，这四步分别是：

1. 首先用话语呼唤起听众的兴趣

理查德认为，即兴演讲不要平铺直叙地开始演讲，如："今天，我要讲的内容是保障行人生命安全……"应该这样开头："在上星期四，特购的450具晶莹闪亮的棺材已运到了我们的城市……"理查德设计的这一开头语虽然不符合我们中国人的心理，但它无疑具有一种先声夺人的气势，它能激起听众的兴趣，使他们很想弄清事情的究竟，这也是即兴演讲成功的关键。

2. 阐明必须听演讲者演讲的理由

理查德说，接下去你应向听众讲明为什么应当听你演讲。若谈交通安全问题，可这样讲："不讲交通安全，那订购的450具棺材也许在等待着我，等待着你，等待着我们的亲人。"理查德所主张的演讲内容既联系着"我"（演讲者），又联系着"你"（听讲者），还联系着场外与你我有关的千千万万的人，这就使所有的与会者不知不觉地成了他的"俘虏"，在心理上与他产生了共鸣。

3. 用鲜活的例子加以说明

理查德指出，比如谈交通安全问题，你若用活生生的事例来说明那些会使人们送命的潜在因素，远比只讲那些干巴巴的条文要好得多。事实上，演讲的传播媒介主要是口语，辅之以体态语。与书面语相比，口语和体态语在传达事例方面比传达条文更具有优势。特别是即兴演讲，我们更要注意在这方面扬长避短。

4. 讲述解决方法

理查德要求演讲者注意的是，这一步一定要告诉听众你谈了老半天是想让人家做些什么，最好能讲得生动一点、具体一点、实际一点。从根本上说，告诉听众解决方法是演讲者的目的所在，如果演讲者忘记了这一步，或者这一步处理不好，就会给听众留下无的放矢或不知所云的感觉。

掌握理查德的四步曲，你在即兴演讲时就能做到言之有物、有的放矢，同时也使演讲者能有条不紊地陈述自己的观点，而不会陷入张口结舌、东拉西扯的窘境。

四、制造演讲的高潮

众所周知，演讲高潮既是演讲者思想最深刻、感情最激昂的时刻，又是听者情绪最激动、精神最振奋的瞬间。有了高潮，演讲才可能最充分地表现其审美价值，进而产生最大的感染力和说服力。演讲也才算是取得了成功。那么，如何构筑演讲的高潮呢？下面介绍3种常见的方法：

1. 运用排比

连用两个或两个以上结构形式相同的句子，多角度地表达演讲者的思想感情，这就是排比修辞。使用排比句的地方，未必一定是演讲高潮的地方，但演讲高潮的地方却往往离不开排比句。

"有办法！办法就出在陕甘宁边区！办法就是八路军、新四军和敌后抗日根据地！

办法就出在中国人的身上！办法就出在真正抗日的党派和军队中间！就出在中国共产党，尤其是在我们的毛泽东同志心中！"

这是周恩来同志在延安一次会上发表的演讲中的片断。从全篇演讲来看，这段文字显然是高潮所在。这里用了五个相同排比句："……办法就出在……"这五个排比句或由近及远、由小及大，或由此及彼、由次及主，好似管弦齐奏，把演讲推向高潮。

2. 运用反问

与设问不同，反问是问而不答，是用疑问句的形式表达确定的内容。这种句式感情色彩浓重，有很强的感染力和说服力，因而同样有助于构筑演讲高潮，特别是在说理性、论辩性和鼓动性很强的演讲中，其作用显得尤为突出。请看：

"我们的同胞已身在疆场了，我们为什么还要站在这里袖手旁观呢？先生们希望的是什么？想要达到什么目的？生命就那么可贵？和平就那么甜美，甚至不惜以戴锁链、受奴役的代价来换取吗？"

这是亨利在美国弗吉尼亚州议会上演讲结尾中的一组反问句。全篇演讲就像跌宕起伏的海浪；一个高潮接着一个高潮，而且处理高潮的语言修辞手段各不相同。这一连串反问句，使演讲显得更加激越轩昂，文气也随之大振，充分显示了反问所特有的鼓动力量。紧接着，亨利用呼吁式的口吻结束了演讲："全能的上帝啊，阻止这一切吧！在这场斗争中，我不知道别人会如何行事，至于我，不自由，毋宁死！"

演讲至此，演讲者的思想、意志、信念和感情都达到了最高潮，犹如空谷回音，三日不绝，给听众留下了深刻的印象。

3. 运用设问

设问就是自问自答。它之所以被广泛应用于演讲，是因为它能够调节演讲时的气氛，唤起听众听讲的兴趣和热情，达到提醒和强调的目的，激发听众共同思考问题，从而使演讲者牢牢掌握住演讲的主动权。

我们不妨具体分析一段演讲：

"你们问：'我们的政策是什么？'我说，我们的政策就是用我们的全部能力，用上帝所能给予我们的全部力量，在海上、陆地和空中进行战争，同一个在人类黑暗悲惨的罪恶史上所从未有过的穷凶极恶的暴政进行战斗，这就是我们的政策。你们问：'我们的目标是什么？'我们可以用两个字来回答：胜利——不惜一切代价，去赢得胜利；无论多么可怕，也要赢得胜利；无论道路多么遥远和艰难，也要赢得胜利……"

这是丘吉尔著名的《出任首相后的首次演讲》中的最后一段。该演讲的前部分主要报告新政府组阁的情况，后部分则是阐明新政府的态度和政策。通读全篇演讲不难看出，通过步步上升和层层推进的方式，演讲者的思想表达越来越鲜明、深刻和完整，其感情也随之越来越强烈。到了结尾部分，演讲者巧妙地运用两个设问句，和盘托出了自己的观点主张，酣畅淋漓地抒发了自己的情感，使演讲达到了最高潮。

五、边演边讲效果好

一般情况下，演讲具有以下特点：

第一，具有针对性。

会议上的演讲是社会上经常进行的一种活动，是用于公众场合的宣传形式。它是为了用思想、感情、事例和理论来和听众交流，以此来打动听众，"征服"群众，要做到这样的效果，必须要有现实的针对性。

所谓针对性，首先就是演讲者提出的问题就是听众所关心的问题，评论和论辩也要具有雄辩的逻辑和力量，要能够让听众愉快地接受并且能够从中得到益处，这样，才能起到应有的社会效果及目的。

其次是要懂得听众是不同的对象和处于不同的社会层次中，而"公众场合"所开展的会议也有不同的类型，像党团集会、专业性会议、服务性俱乐部、学校、社会团体、宗教团体、各类竞赛场合，在演讲的时候要做到根据不同的场合和不同的对象，为听众们设计更合适的演讲内容。

第二，具有可讲性。

演讲的本质主要是在于"讲"，但是却以"演"为辅。由于演讲要诉诸口头，拟稿时必须以易说能讲为前提。

如果说，有些文章和作品主要是进行阅读欣赏，领略其中意义和情境，那么，演讲的要求就是要"上口入耳"。好的演讲稿对一个演讲者来说是很有必要的，对于听演讲的人来说应该是好听的。

所以，做演讲时要提前精心地写一份演讲稿，当你在进行演讲的时候要通过多次的试讲或者默念。

第三，具有鼓动性。

演讲是一门艺术。作为一个好的演讲者就应该具有一种能够激发听众情绪、赢得听众好感的能力。

鉴于此，一个演讲者要想让自己的演讲成功，首先要求演讲者思想内容丰富、深刻，见解精辟，还要做到有独到之处，比如加入丰富的手势和表情，构成一种边演边讲的效果。这样更能够令人深思，有更强烈的感染力。

六、演讲的要诀

在会场上演讲，有两个基本的要诀：一个是自信与勇气；一个是在众人面前从容清晰的思维能力。关于这两个要诀，并不如一般所想象的那样困难，因为这些条件并不是先天的赋予，就像踢球运动一样的能力，任何人都具有这种能力才干，只要他有那欲望。那么是否有一个理由，就是说当你站立在众人的面前之时，便不能像你坐着时那样思维呢？当然，你知道并无此事。事实上，你应当在面对着众人时更能敏捷地思维。他们在场，理应鼓舞提高你。一群听众在场更能够刺激你产生灵感，促使你脑子更清楚锐敏地思考。在这个时候意见、事实、理想似乎为你以前所未有，皆出现于脑海，使你不得不逐一表达出来。

著名学者贺霸特先生有一段名言说得很好，值得我们牢记，如果一般人在平日都能照这段话去做，那他的生活，定将愉快而顺利许多——当你出门时，请把下颔收进，头额抬高，肺部吸满空气；碰着朋友，含笑向他打个招呼；和他人握手时要精神饱满，不要怕被人误解，不要浪费一分钟的光阴去想你的仇人，做事必须打定主意，不要常常改变方向，一直向着你的目标前进。把你的心，完全放在你所希望的光明而伟大的事情上。如果你照这样去做，日子一久你自然会知道，你已经在无意之中抓住了完成愿望的机会了，正像珊瑚虫一样，从湍急的潮水当中，吸取了它所需要的物质。你的心中必须有一个模范人物，使你做事有了楷模，如此一来，你的思想，就会不觉地跟着渐渐改善，成为你所崇拜的人物。思想是最有力量的，你必须保持正常的心理状况——勇敢，坦白，愉快地去用你的脑子。一切事情，都是从欲望中来的，你有虔诚的祈求，就可得到满意的答复。

很多大演讲家，他们最初在会场上演讲时，都曾因难解的不自在及惧怕的心情所苦恼，后来经过苦练与学习才把这种痛苦的心情减除了。美国大演讲家詹宁斯，他自己曾经承认在他第一次尝试时，两个膝盖颤抖得碰在一起；美国幽默天才文人马克·吐温说他第一次在会场上演讲时，觉得满嘴像塞满了棉花，脉搏跳得像在百米冲刺；葛莱特将军占领了维克斯保土，完成了世界军队最大的胜利，当他试着对大众演讲的时候，他自认感觉像是得了脊髓病；英国大政治家路易·乔治自己说过，第一次试着公开在会场上演说时，却陷于苦楚之境。他的舌头抵在嘴的上颚，而且一开始他竟不能说出一个字。还有世界上许多著名的演说家，他们第一次在会场上演讲都是失败的，这跟演员们第一次登台表演有同样的情形。

林肯的伙伴胡思登曾说过，林肯开始在会场上演说时，也有一种畏惧、惶恐、忙乱，不久他获得了镇静、热忱与真挚，于是他的真正口才便开始发挥了。罗斯福说："每一个新手，常常都有一种心慌病。心慌病并不是胆小，乃是一种过度紧张的神经刺激。一个人初次站在许多听众的面前讲话，正像突然地见到一只牡鹿，或是首次走上战场。这种人他所需要的，不是勇气而是冷静的头脑。这是可以从练习上得来的，他必须要用习惯和反复的练习来克服他自己，使他的行动，可以完全接受他的控制。如果他具有适当的才能，那么，他多一次的练习，便能增强一份能力。所以，练习必须要持之以恒，不可推辞懈怠，如此便可以消除对听众的恐惧心理了。"

七、有效演讲的技巧

有效演讲有很多技巧，多湖辉博士在《论表现》中提出了演讲成功的几项技巧，可以当作很多人成功演讲的前提。

1. "3"是个能增强说服力的数字

人们对于"3"这个数字有着奇特的心理感应，因为它有说服力！

某些地方的人们喜欢以"数到3"来迫使别人服从他们的意志，他们觉得"1"过于仓促，"2"不够显示他们还有仁慈之心，只有"3"才使人感到稳妥。

很多讲话具有强烈说服力的人，不知不觉中都利用了这种心理。无论谈什么问题，你只要把内容紧紧扣在"3"这个数字上，"关于那个问题，可以有3种解释""问题有3个"等等。人们对这些语言的评价是：思路清晰，容易理解，易于接受。

2. 使用肯定语气表达无把握之事

或许你不止一次地把口袋里的钱送到街头占卜师的口袋里，一脸满足的诚意。这些金口铁嘴之类的先生常常用各种模棱两可的言辞来解释人们的命运，但他在每段的尾句都表达极肯定的意思。他们永远都不会说"你也许会这样"，因为这样只会使他的钞票一天天减少。他们总是断言"一定会这样"。正是利用了这种肯定形式尾句的心理暗示效果，才使得他们财源广进。这种暗示效果当然也可以用在演讲中，你会发现它对你很有用。

3. 适量使用谚语和名言

心理学上有一个名词叫"感觉暗示"，用以解释某种专家和社会艺人所说的话易于被人认可的现象。为了使自己的话语具有说服力，可以利用这种暗示，引用一些名言、谚语来辅助表达自己的见解。由于人们深信这些名言和谚语是亘古不变的真理，往往轻易地就被说服了。但切忌过多引用，否则会有鹦鹉学舌之嫌。

4. 强调自己的见解

许多人在演讲时，常常引用过多的名人名言，这会使人感到他缺乏真知灼见。

5. 使用带尾数的数据能提高你的可信度

如果合乎情理的话，在演说中经常引用一些你记住的带尾数的数据，会使对方觉得你精于某专业而产生强烈的信赖感。

这种"尾数效果"往往能发挥意想不到的作用，它会使别人对你产生信赖感。

6. 不要用连珠炮一般的语势

情绪激动的演讲者常常把打动人心的希望寄托在连珠炮一般的语势

◆ 总有更多更好的沟通方法

第八篇

上，他们如一串点燃的鞭炮疯狂地响个不停，这种热烈的场面或许会激动人心，但他们所说的内容不会给听众留下什么深刻的印象。一般来说，流畅而平静的语言更能打动人心。

7. 幽默的语言

你所面对的人群并不缺乏幽默感，无须用一些平淡无味的语言来取得他们的同感。幽默的语言往往使演讲富有活力而魅力十足，丘吉尔在这方面是一位杰出的代表人物。我们不如引用他最沉痛的一次演说中所讲过的话来说明这一点。第二次世界大战结束以后丘吉尔被赶下了台，他在离职演说中讲道："非常感谢这些恩将仇报的人民对我的爱戴，我竭尽全力为他们付出我的一切时，他们终于如愿以偿，而我却没有。"这位战功显赫的功臣没有被选上首相，但被选入世界十大杰出演说家之列。

八、善待听众的反应

听众的反应是衡量演说成功与否的重要标准。不同的演说产生的效果也各不一样。面对不同听众的不同反应，我们应当采取不同的应对策略。

1. 演说中善意的反应

在群众面前讲话，很容易会碰到各种反应，何况，各种不同性质的聚会，气氛也不会相同，例如竞选演说会、股东大会、学术研讨会和各种发表会。在年轻人和熟悉的团体里，很容易出现合作的反应，这样会有助于会场的良好气氛。有一些较为严肃的会场里，听众的好恶较不易表现出来，即使心里不喜欢听，也不会表现出抗拒的态度。

某公司为了选举部门经理而举行演说会，他们虽然是保守的公司，但拼劲十足的年轻人都跳上讲台展示自己的实力。他们在讲话的时候，也发生不同的反应。"是的，就是这样""对啊，你说得没错""我有同感"，很明显的，这些均是善意的反应，这样会增加会场的热闹，对整个气氛的形成也有良好的助益。

但是，也有支持别人的听众在台上高喊，"胡说八道""滚下来""别再把我们当傻子"。

即使听众反应不一，可是台上的演说者却不把听众的反应放在心里，照讲不误，善意的支持者逐渐兴奋起来，于是听众之间开始争吵了。"喂，安静一点，吵死人了！""你们安静地听嘛。"结果，当天支持候选人的听众比较多，善意反应呈现压倒性的力量，声势浩大。那些恶意反应的人，在听众的非难之下，反而默不作声。

善意的反应深受演说者的欢迎，因为他们会自动围成圆圈，增进会场的气氛，在意识上就是"支持弱者"的典型。

2.演说中的恶意反应

一般人所说的听众反应，大体上是针对恶意反应而言。原则上，我们不能把此类反应看在眼里。只有笨拙的演说者才会被听众的反应所左右，他们在不知所措的情况下，左右为难，结果没有达成目的，就灰头土脸地走下讲台。

有时候，演说即使在恶意反应的声势控制之下，如果暂时不去理它，听众的善意反应会将它制止下去，改善会场的气氛。

如果恶意的反应太强，会场一定会乱七八糟，在这种情况之下，有几种方法可以对付：

（1）压制：大方镇定地回答对方，使他们无言以对而安静下来。

（2）以牙还牙："如果觉得我说得不好，你们可以上来替我讲讲看，请你们上来呀！"这时候，心怀恶意的听众一定不敢再吭声。

总之，自己站在讲台上要有坚定的信念，不要为恶意的嘘声所动摇，同时要准确判断当时的情况，根据反应的对象和内容，而采取适当的处理方法。

3. 演说中听众没反应怎么办

有时你站在台上卖力地讲了半天，台下毫无任何反应，听众只是怔怔地看着你，或者打瞌睡，你无法从他们眼神中看出他们对演说内容是否感兴趣。此时如何炒热场面，不致使冷场僵持下去是演说者必须做的事。

有些演说者照本宣科地念演说稿，声调缺乏抑扬顿挫，令人昏昏欲睡，有些情况不是演说者的错，例如没有演说台，使演说者全身暴露在听众之前，时间一久，讲的人也会疲劳，同时耿耿于怀自己扣子没系好或鞋子有灰尘，让听众看见了，将注意力转到身体上去。

所以，关于如何维持热烈的演说气氛这个问题，就是要从头到尾吸引听众的情绪。诚然，要使听众专心听讲并非易事，但若能克服这一点，将是何等美妙的事。

虽然演说者要具备充分的知识，但要接受这一套内容的对象却是另一个人。所以，如何使对方能侧耳倾听，这是一个大前提。

首先，要确定主题，如果主题不能满足听众的需要，即使选择适当的

内容，也会失去意义的。

其次，要注意内容的结构，为了要让听众了解主题，则得举出适当的例子来说服。只要例子很生动或者适合听众的口味，定能抓住听众的心理。

最后，要设计一个有趣的绪论，曾有一位商界高手到一群推销员中间演说的时候，每次时间一到就登上讲台，听众在台下闹哄哄的，这位商界高手一言不发地高举右掌，摆出一个姿势，听众目睹此举，无不怀疑演说者要耍什么花样，于是，大家立刻安静下来，全场静悄悄地把视线集中在他的掌心上，这时候，他才开始安静地说话："各位，我这只手曾送出过数以百万的保单，接到过丰厚的红利……所谓推销这种玩意儿……"接着，就慢慢地引起听众的兴趣了。

 **做人感悟**

提高当众演讲技能的方法还有很多，若能活用一些道具，例如现代化的传媒手段，这样不但能够诉诸于耳朵，同时诉诸于眼睛，能加强演说的效果。